GESTÃO DA LOGÍSTICA E DAS REDES DE SUPRIMENTOS

O selo DIALÓGICA da Editora InterSaberes faz referência às publicações que privilegiam uma linguagem na qual o autor dialoga com o leitor por meio de recursos textuais e visuais, o que torna o conteúdo muito mais dinâmico. São livros que criam um ambiente de interação com o leitor – seu universo cultural, social e de elaboração de conhecimentos –, possibilitando um real processo de interlocução para que a comunicação se efetive.

GESTÃO DA LOGÍSTICA E DAS REDES DE SUPRIMENTOS

Ricardo Silveira Martins

Rua Clara Vendramin, 58 . Mossunguê . CEP 81200-170 . Curitiba . PR . Brasil
Fone: (41) 2106-4170 . www.intersaberes.com . editora@editoraintersaberes.com.br

Conselho editorial	**Edição de texto**
Dr. Ivo José Both (presidente)	Arte e Texto
Drª Elena Godoy	Natasha Saboredo
Dr. Neri dos Santos	**Capa e Projeto gráfico**
Dr. Ulf Gregor Baranow	Bruno Palma e Silva
Editora-chefe	**Diagramação**
Lindsay Azambuja	Estúdio Nótua
Supervisora editorial	**Equipe de *design***
Ariadne Nunes Wenger	Luana Machado Amaro
Analista editorial	Charles L. da Silva
Ariel Martins	**Iconografia**
Preparação de originais	Sandra Lopis da Silveira
Ana Maria Ziccardi	Regina Claudia Cruz Prestes

Dados Internacionais de Catalogação na Publicação (CIP)
(Câmara Brasileira do Livro, SP, Brasil)

Martins, Ricardo Silveira
    Gestão da logística e das redes de suprimentos/Ricardo Silveira Martins.
Curitiba: InterSaberes, 2019. (Série Tudo Sobre Administração)

    Bibliografia.
    ISBN 978-85-227-0156-8

    1. Cadeia de suprimentos – Administração 2. Estoques – Administração
3. Logística (Organização) 4. Planejamento estratégico I. Título. II. Série.

19-29738   CDD-658.5

Índices para catálogo sistemático:
1. Gestão da logística: Redes de suprimentos: Administração de empresas 658.5
Cibele Maria Dias – Bibliotecária – CRB-8/9427

1ª edição, 2019.
Foi feito o depósito legal.
Informamos que é de inteira responsabilidade do autor a emissão de conceitos.
Nenhuma parte desta publicação poderá ser reproduzida por qualquer meio ou forma sem a prévia autorização da Editora InterSaberes.
A violação dos direitos autorais é crime estabelecido na Lei n. 9.610/1998 e punido pelo art. 184 do Código Penal.

SUMÁRIO

Prefácio, 13
Apresentação, 17
Como aproveitar ao máximo este livro, 21

1 REDES DE SUPRIMENTOS, 25
   1.1 A estratégia de concorrer em redes, 27
   1.2 Formato e operacionalização de redes de suprimentos, 34
   1.3 Estruturação de uma rede de suprimentos, 38
   1.4 Exemplos de redes de suprimentos, 44

2 OPERAÇÕES, PROCESSOS EMPRESARIAIS E DAS REDES DE SUPRIMENTOS, 49
   2.1 Gestão e estratégia de operações, 51
   2.2 Processos e operações nas redes de suprimentos, 56

3 COLABORAÇÃO E GESTÃO DE RELACIONAMENTOS NAS REDES DE SUPRIMENTOS, 65
   3.1 Gestão de relacionamentos na rede de suprimentos, 67
      3.1.1 Colaboração na rede de suprimentos, 70
   3.2 Seleção e classificação de membros das redes de suprimentos, 73
   3.4 Governança e coordenação nas redes de suprimentos, 80
   3.5 Desestímulos ao alinhamento da rede e o efeito chicote, 83

4   REDES DE SUPRIMENTOS E LOGÍSTICA, **95**
    4.1 As mudanças na forma de competir e o papel da logística, **97**
    4.2 Logística estratégica para redes de suprimentos e valor, **100**
    4.3 Logística integrando as redes de suprimentos, **105**
        4.3.1 Soluções de integração: *just in time*, *cross docking* e *milk run*, **107**

5   SISTEMAS DA LOGÍSTICA EMPRESARIAL E O SUBSISTEMA DE SUPRIMENTOS, **115**
    5.1 Os subsistemas da logística, **117**
    5.2 O subsistema suprimentos, **118**
        5.2.1 Compras, **120**
        5.2.2 Seleção de fornecedores, **123**
    5.3 Decisões e métodos em logística de suprimentos, **123**
        5.3.1 MRP – *material requirement planning*, **124**
        5.3.2 Armazenagem de materiais, **132**
        5.3.3 Controle de estoques, **137**

6   LOGÍSTICA DA PRODUÇÃO, **145**
    6.1 O subsistema de produção, **147**
    6.2 Estratégia e planejamento da produção: produção puxada ou empurrada?, **148**
    6.3 *Make or buy?*: uso estratégico da terceirização, **152**
    6.4 Sistemas de organização da produção: programação da produção e filas, **156**
        6.4.1 Fila na produção e a rede Pert, **158**
    6.5 Gestão da qualidade, **159**
        6.5.1 Ferramentas da qualidade, **159**

7   LOGÍSTICA DA DISTRIBUIÇÃO, **173**
    7.1 Aspectos gerais e condicionantes da distribuição, **175**
    7.2 Composição e estratégias de distribuição, **177**
        7.2.1 Canais de distribuição e logística, **177**
        7.2.2 Operações e transporte na distribuição, **181**

8   ENTREGAS E LOGÍSTICA REVERSA, **193**
     8.1 Entregas, **195**
     8.2 Logística reversa, **198**
          8.2.1   Logística reversa: a logística do pós-venda, do pós-consumo e do ciclo fechado, **200**
          8.2.2   Gestão da logística reversa, **203**

9   OS FATORES-CHAVE DE DESEMPENHO DA LOGÍSTICA, **207**
     9.1 Quais são os determinantes do desempenho da logística?, **209**
     9.2 Transporte, **210**
          9.2.1   Modalidades de transporte, **212**
          9.2.2   A tomada de decisão pela modalidade de transporte, **215**
     9.3 Gestão dos estoques, **219**
     9.4 Gestão das informações, **223**
     9.5 Decisões sobre as instalações, **229**
     9.6 Apoio das tecnologias e aplicações na logística, **231**
     9.7 Estratégia logística e os fatores-chave de desempenho, **236**
          9.7.1   De onde vem a competitividade proporcionada pela logística?, **236**
          9.7.2   Estratégias logísticas e de redes de suprimentos, **238**
          9.7.3   Definição de estratégias logísticas, **243**

Considerações finais, **251**
Referências, **253**

Para Cleide, Thaline e Bella.
Para os meus pais, Jurandir (*in memoriam*) e Conceição.

Shipping complete orders on time is a completely reasonable request but turns out it's harder than it sounds.

Entregar os pedidos no prazo é um requisito que, embora seja completamente razoável, é muito mais difícil cumprir do que possa parecer.

Steve Matthesen, CEO da Acosta, Inc.
The Wall Street Journal, Business, 27 nov. 2017

PREFÁCIO

Em um mundo onde eventos como decisões políticas de um país, desastres naturais ou guerras em outros podem provocar alterações em várias indústrias e setores, o entendimento e o bom gerenciamento das redes de suprimentos, desde o fornecedor de insumos primários até o consumidor final, tornam-se cada vez mais relevantes. As expectativas em relação a prazos de entregas, qualidade do produto e do serviço prestado mudaram. Consumidores não se impressionam mais com a possibilidade de dois dias de entrega. E o que muitos entenderam é que, mesmo empresas centenárias, não podem contar apenas com seus recursos internos para competir. Todas correm o risco de serem rapidamente ultrapassadas por *start-ups*, negócios que começaram como uma ideia na mente de um gênio, em alguma garagem pelo mundo, e cresceram velozmente com o desenvolvimento das compras pela internet. Mais e mais empresas estão compreendendo que é preciso colaborar com outras empresas que fazem parte de sua cadeia de suprimento, incluindo produtores, fornecedores, clientes, distribuidores, empresas de transporte e até competidores. Sim, como afirma o Dr. Ricardo Martins, "Estamos em uma era da competição entre redes!".

Diante desse novo, dinâmico e desafiador cenário, torna-se imprescindível que educadores repensem o que e como ensinar nossos alunos, que são, essencialmente, os líderes de um futuro muito próximo. Muitos alunos dos cursos de graduação e de pós-graduação em Administração e engenharias são apresentados a tópicos de produção, operação e logística, porém, o importante diferencial desta obra do Professor Martins é a habilidade de unir diferentes partes do todo e propiciar ao aluno a capacidade de visão global, entendendo que cada decisão tomada poderá ter impacto em muitas outras partes da empresa ou, até mesmo, em muitas outras empresas daquela ou de outras cadeias de suprimentos.

O Fórum de Economia Mundial divulgou, em 2016, uma ampla pesquisa envolvendo mais de 13 milhões de trabalhadores, 371 empresas de nove setores industriais e 15 diferentes nações, incluindo Brasil. Várias habilidades e competências foram mapeadas e organizadas em termos de importância para os desafios deste novo momento de economia global que vivemos. A principal delas, com 36% de importância dentre todas as nove categorias analisadas, foi a capacidade de resolução de problemas complexos, definida como "capacidade de oferecer soluções a problemas novos, mal definidos e em situações complexas do mundo real" (WEF, 2016). E é exatamente o desenvolvimento dessa competência, juntamente com várias outras, que a obra *Gestão da logística e das redes de suprimentos*, do Professor Dr. Ricardo Martins propõe. Oferecendo a alunos de diversos níveis e mesmo a executivos a possibilidade de reconhecer a importância do entendimento da formação das redes de suprimentos bem como os processos logísticos e como eles se conectam, tanto internamente quanto entre empresas. É com base nessa visão sistêmica que este livro foi preparado.

Como professora de logística e suprimentos, no Brasil e nos Estados Unidos, quando vou escolher um livro texto para minhas aulas, tenho a preocupação de oferecer a meus alunos rigor acadêmico e os melhores exemplos de casos para que eles possam desenvolver referências para lidar com problemas reais. Este livro cumpre todos os meus requisitos em termos de ser embasado em pesquisas acadêmicas relevantes tanto no aspecto teórico quanto no aplicado e oferecer centenas de exemplos de aplicações em casos reais – muitos bem recentes –, além de ser escrito de uma forma interessante e provocadora, que retém a atenção dos alunos e ajuda no trabalho do professor que expõe o conteúdo.

Nada disso seria possível caso este livro tivesse outro autor, ou o Dr. Ricardo Martins não fosse quem ele é: um daqueles raros profissionais capaz de combinar excelência em ensino e pesquisas acadêmicas de altíssima qualidade. Com mais de duas décadas em sala de aula na universidade, diversos prêmios e honras, mais de 250 obras acadêmicas publicadas e dezenas de consultorias a empresas públicas e privadas, Dr. Ricardo Martins é, sem dúvida, uma das maiores autoridades em logística e cadeia de suprimentos no país – uma pessoa especial que eu tenho a honra de conhecer e com quem trabalho há vários anos.

Para finalizar e reiterar a importância da obra *Gestão da logística e das redes de suprimentos*, cito um trecho de um artigo que li recentemente: "Está cada vez mais evidente que os profissionais de logística e cadeia de suprimentos estão posicionados para se tornarem os executivos mais poderosos do mundo, supervisionando o coração e a alma do comércio global e transformando a maneira como as empresas operam" (Mikhail, 2018). Espero que alunos e professores usem esta obra, uma raridade na língua portuguesa, para ajudar a reposicionar o Brasil no cenário de competição global que o país merece.

Drª. Janaína Siegler, Ph.D.
Professor of Operations and Supply Chain Management
Lacy School of Business, Butler University
Indianapolis, IN, Estados Unidos

APRESENTAÇÃO

A logística experimenta grande transformação, impulsionada pelo comércio de eletrônicos. A participação crescente do B2C em detrimento do B2B e as demandas do novo cliente, centradas na rapidez, no cumprimento do prazo, na rastreabilidade do pedido e na conveniência da devolução, reforçam o valor estratégico da logística. A esses fatores de desempenho das operações soma-se a necessidade de gestão de multicanais. Esses são fatores para a atualização necessária nas obras a fim de que atinjam o estudante e o leitor. As obras que tratam de logística e cadeia de suprimentos disponíveis no mercado, na maioria das vezes, não favorecem o acompanhamento lógico de programas de disciplinas, pelo sequenciamento apresentado ou pela escolha dos temas. Muitas vezes, é um misto de conteúdos aplicáveis à administração de materiais, da produção ou da distribuição, sem abordar as características de concepção e estratégia das redes de suprimentos e o papel da logística.

Com a intenção de desenvolver a capacidade de analisar e idealizar estratégias logísticas, este livro foi escrito para alunos de cursos de graduação em Administração e Engenharia, alunos de MBAs, gestores e consultores que não tiveram formação em logística. Estruturada de forma a atingir os objetivos principais de posicionar a formação de redes de suprimentos como uma estratégia competitiva e de situar o papel da logística na formação dessas redes, esta obra utiliza o *background* da gestão e das estratégias das operações e trabalha, basicamente, sobre quatro pilares.

O primeiro pilar considera que a formação das redes de suprimentos é uma estratégia para enfrentar o acirramento da concorrência e, nesse caso, a logística é a peça básica, pois por meio dos processos logísticos é que as empresas efetivamente se conectam e a estratégia atinge os resultados projetados.

O segundo pilar sustenta que os problemas e as soluções da logística e das redes de suprimentos são guiados pelo delineamentos dos processos. As decisões tomadas em relação aos processos determinam o desempenho das operações logísticas como um todo e o sucesso da estratégia de competir em redes. Isso explica por que assistimos às empresas com potenciais de mercado e com estruturas semelhantes atingindo resultados diferenciados.

O terceiro pilar apoia-se no fato de que a logística interna é base da capacitação das empresas para as suas respostas aos clientes. Isso implica obter conexão dos subsistemas internos – o de suprimentos, o de produção e o da distribuição – para atingir os resultados externos. A perfeita integração e a sincronia interna determinam o desempenho, que é o atendimento ao cliente. O quarto pilar refere-se ao conhecimento das atividades que lideram os processos logísticos com verdadeira capacidade de proporcionar os resultados mais importantes para a rede, bem como para mudar e obter novo patamar competitivo. Embora, aparentemente, entregar os pedidos conforme combinado, no prazo, por exemplo, possa parecer óbvio e razoável, na prática, as entregas que são realizadas com sucesso acontecem à custa de muito planejamento, muita clareza a respeito da estratégia e muita lucidez nas decisões que envolvem os processos.

Dessa forma, os capítulos iniciais apresentam os alicerces da formação das redes de suprimentos. No Capítulo 1, abordaremos o conceito de redes de suprimentos, seu uso como estratégia competitiva e os componentes básicos de sua estrutura. No Capítulo 2, trataremos das definições das operações e de seus processos como base competitiva das redes de suprimentos. Já nos Capítulos 3 e 4 verificaremos a formação das redes como novas competências requeridas com a finalidade de atrair e reter bons parceiros e mecanismos para alcançar resultados.

No Capítulo 5, faremos a transição conceitual entre os níveis estratégicos para situar a logística como estratégia principal da formação das redes de suprimentos, discutindo o papel da logística nos novos modelos de negócios, sua função nas redes de suprimentos e sua contribuição na geração do valor.

Os próximos capítulos dão ênfase ao conhecimento das bases de estruturação da logística, apresentando os pilares do sistema de logística empresarial, a chamada *logística interna*, que define a primeira capacidade de resposta. No Capítulo 6, examinaremos o subsistema de suprimentos e seus elementos vitais e decisões mais impactantes. Já nos Capítulos 7 e 8 trataremos, respectivamente, da produção e da distribuição.

Temas atuais, como as entregas e as devoluções, serão abordados no Capítulo 9, sob a orientação do avanço do comércio eletrônico e suas especificidades, o que implica gestão de multicanais. Na logística reversa, a perspectiva dominante são as preocupações com o meio ambiente e com o atendimento pleno ao cliente em suas devoluções.

Finalmente, no Capítulo 10 analisaremos temas clássicos e básicos para a formação do conhecimento em logística e redes de suprimentos: os fatores-chave de desempenho. Questões relativas às atividades que norteiam os principais processos logísticos e à formação das estratégias, como transporte, gestão dos estoques, gestão das informações e decisões sobre as instalações, também serão abordadas, bem como as tecnologias da informação e da comunicação e as aplicações que favorecem o desempenho da logística.

O corolário desta obra é a abordagem acerca das estratégias logísticas, momento em que as peças se encaixam. É hora de conhecê-las e idealizá-las com base nos conhecimentos apresentados nos capítulos anteriores.

Bons estudos!

COMO APROVEITAR AO MÁXIMO ESTE LIVRO

Empregamos nesta obra recursos que visam enriquecer seu aprendizado, facilitar a compreensão dos conteúdos e tornar a leitura mais dinâmica. Conheça a seguir cada uma dessas ferramentas e saiba como elas estão distribuídas no decorrer deste livro para bem aproveitá-las.

CONTEÚDOS DO CAPÍTULO:

Logo na abertura do capítulo, relacionamos os conteúdos que nele serão abordados.

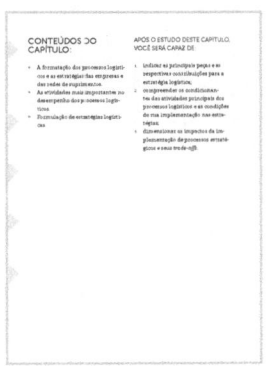

APÓS O ESTUDO DESTE CAPÍTULO, VOCÊ SERÁ CAPAZ DE:

Antes de iniciarmos nossa abordagem, listamos as habilidades trabalhadas no capítulo e os conhecimentos que você assimilará no decorrer do texto.

ESTUDO DE CASO

Nesta seção, relatamos situações reais ou fictícias que articulam a perspectiva teórica e o contexto prático da área de conhecimento ou do campo profissional em foco com o propósito de levá-lo a analisar tais problemáticas e a buscar soluções.

SÍNTESE

Ao final de cada capítulo, relacionamos as principais informações nele abordadas a fim de que você avalie as conclusões a que chegou, confirmando-as ou redefinindo-as.

REDES DE SUPRIMENTOS

CONTEÚDOS DO CAPÍTULO:

- Formação das redes de suprimentos como estratégia de concorrência.
- Questões estratégicas para a formação de uma rede de suprimentos competitiva.

APÓS O ESTUDO DESTE CAPÍTULO, VOCÊ SERÁ CAPAZ DE:

1. compreender a razão da formação das redes de suprimentos;
2. perceber os ganhos de atuar em redes de suprimentos;
3. entender e aplicar as decisões mais importantes na formação de redes de suprimentos.

1.1 A ESTRATÉGIA DE CONCORRER EM REDES

O acirramento da concorrência nos mercados obrigou as empresas a experimentarem planos diversos e inovadores, como estratégias de *marketing*, financeiras, de reformulação de processos, de elevação dos diferenciais pela qualidade etc., mas nada disso tem demonstrado ser suficiente para manter os diferenciais por muito tempo, porque as práticas empresariais se nivelam de forma rápida, equiparando-se, em sequência, às características de seus produtos e custos. Ou seja, os diferenciais internos, próprios das empresas, perdem-se nos embates do mercado.

Nesse ambiente de dificuldades crescentes, as empresas começaram a desenvolver a ideia do foco do negócio, ou seja:

- O que realmente faz com que os seus produtos sejam preferidos no mercado?
- O que o mercado quer ou precisa?
- O que a empresa está habilitada a oferecer?

Para se manterem como líderes, as empresas passaram a entender, de forma pragmática, que não estavam preparadas para oferecer o que o mercado queria e ao custo que o mercado poderia pagar sempre. Então, foram à luta buscar parceiros e, assim, terceirizaram. Buscaram fornecedores que agregassem algo mais àquilo que o mercado desejava – seja em diferenciais diversos, em qualidade, em custos ou em características inovadoras, seja numa combinação desses atributos – e formaram redes: redes de suprimentos!

Muito se diz que, atualmente, a competição não ocorre mais entre empresas isoladas. Na verdade, as empresas competem em redes, se reforçam, buscam competências em parceiros na esperança de ganhar o jogo da competição. Como afirma Christopher (2009, p. 288), "as empresas não mais competem como elementos isolados, mas sim como cadeias de suprimentos". Ou seja, a concorrência, hoje, ocorre entre redes de suprimentos e não mais entre empresas.

Estamos em uma era da competição entre redes!

Empresas que sobrevivem são aquelas que participam de redes competitivas! Dessa forma, saber escolher parceiros é, progressivamente, uma competência. **Estruturar, coordenar e gerenciar os relacionamentos com os seus parceiros** em uma rede cujo compromisso é entregar valor superior ao cliente é um diferencial que dá resultado.

Imagine que você visite uma loja, física ou virtual, e queira comprar um par de sapatos. Após muitas dúvidas, você seleciona dois pares para a decisão final: um calçado produzido no Brasil, no Rio Grande do Sul, e outro importado da China. Sim, você visualiza ali duas redes de suprimentos bem claras: fabricantes gaúchos de calçados, os seus fornecedores, seus distribuidores até o produto ser colocado na loja e a rede concorrente de fabricantes de calçados chineses, com suas redes de fornecedores locais e canais internacionais de distribuição até o produto chegar ao Brasil.

Talvez você esteja se perguntado: E quando empresas concorrentes usam praticamente os mesmos fornecedores, distribuidores e canais no varejo, podemos considerá-las como participantes de uma mesma rede ou de redes concorrentes?

Por exemplo, Unilever e Procter & Gamble são líderes de venda no mercado de produtos de limpeza. Essas empresas utilizam, praticamente, os mesmos fornecedores estratégicos e os mesmos pontos de varejo, portanto **são concorrentes**. Estão ou não estão na mesma rede de suprimentos?

Ainda, sim, são duas redes absolutamente rivais e que competem duramente por novos e mais inovadores fornecedores e distribuidores e por espaço nos varejistas de maior presença no mercado. A atuação de cada empresa líder no mercado, sua forma de se relacionar com os fornecedores e com o varejo, de comunicar para o público seus valores, por si só, caracterizam uma rede de suprimentos.

Podemos entender uma *rede de suprimentos* como a união entre vários compradores e vendedores em sequência, em um processo de gestão de relacionamentos, de informações e de fluxos de materiais para entregar valor ao cliente final. Essas empresas agem de forma integrada, compartilhando informações, prêmios e riscos, cooperando, tendo metas e foco comuns, atuando de forma organizada em parcerias em longo prazo.

Algumas razões são apontadas para o crescente interesse pela gestão da rede de suprimentos, como:

a. o fato de as empresas estarem cada vez mais especializadas em algumas tarefas que formam as suas competências essenciais, o que reforça a tendência à terceirização e ao aumento da complexidade na gestão dos relacionamentos com fornecedores;
b. o aumento acentuado da competição na maioria dos mercados de atuação das empresas;
c. o entendimento de que a maximização do desempenho de um elo não garante o desempenho ótimo de uma cadeia ou rede de suprimentos. Essas três razões reforçam a importância da gestão dos relacionamentos entre empresas.

O conceito de *supply chain* management (SCM), ou gestão de redes de suprimentos, surgiu apenas a partir dos anos de 1980 e sua aplicação, de forma mais aproximada ao que se conhece atualmente, ocorreu a partir dos anos de 1990 (Mentzer et al., 2001). O termo se refere à elaboração e à implementação de práticas gerenciais avançadas e à perseguição ao modelo de gestão integrada nas relações entre funções e entre empresas.

Christopher (2009, p. 4) define o gerenciamento da cadeia de suprimentos como "a gestão das relações a montante e a jusante com fornecedores e clientes, para entregar mais valor ao cliente, a um custo menor para a cadeia de suprimentos como um todo". Considerando a ideia de uma cadeia estendida, a própria palavra *cadeia* passa a ter conotação de "rede", em função da existência de múltiplos fornecedores, fornecedores de fornecedores, múltiplos clientes, clientes de clientes, todos esses elementos presentes em um sistema total (Christopher, 2009).

Nessa direção, Christopher (2009, p. 5) destaca o conceito de rede de suprimentos como "uma rede de organizações conectadas e interdependentes, trabalhando conjuntamente, em regime de cooperação mútua, para controlar, gerenciar e aperfeiçoar o fluxo de matérias-primas e informação dos fornecedores para os clientes finais".

Muito antes, Forrester (1958) apresentou uma teoria da gestão da distribuição que reconhecia a natureza integrada dos relacionamentos organizacionais. Para comprová-la, desenvolveu uma simulação computadorizada do fluxo de informações dos pedidos e sua influência no desempenho da produção e distribuição para cada membro isoladamente e para a cadeia de suprimentos como um todo. Esse fenômeno recebeu o nome de *efeito chicote* e foi incorporado, de maneira abrangente, às pesquisas acadêmicas em logística, produção, *marketing*, compras e, mais recentemente, em SCM.

Esse reconhecimento da importância dos relacionamentos entre funções individuais e entre empresas nas cadeias de suprimentos ocorreu, inicialmente, em mercados mais desenvolvidos; posteriormente, espalhou-se de forma extensiva para o ambiente de negócios mundial. Como consequência, consolidou-se uma nova orientação dos negócios, voltada para o atendimento às necessidades dos clientes, com foco em criar fontes únicas de valor (Mentzer et al., 2001). Os autores formularam, então, um *framework* conceitual, contemplando os antecedentes e as consequências da SCM, como você pode observar na Figura 1.1.

FIGURA 1.1 – ANTECEDENTES E CONSEQUÊNCIAS DA SCM

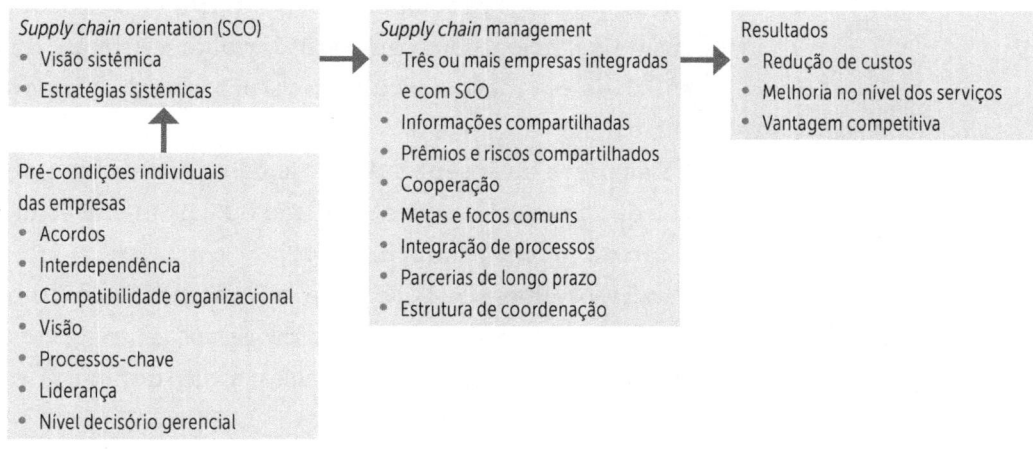

Fonte: Elaborado com base em Mentzer et al., 2001.

Os fatores que afetam, positiva ou negativamente, a implementação da *supply chain orientation* (SCO) são pilares do SCM (Mentzer et al., 2001). O reconhecimento da importância desses fatores por uma empresa representa um antecedente para a SCO. Tendo o compromisso, a vocação e a orientação para trabalhar em rede, a empresa está habilitada aos demais requisitos de um membro de uma rede de suprimentos. São eles:

- **Confiança**: Disposição em confiar em um dado parceiro de negócios (função ou empresa). Exerce papel essencial em situações problemáticas como conflitos ou assimetria de poder, baixos lucros etc.
- **Comprometimento**: Garantia implícita ou explícita da continuidade do relacionamento entre parceiros de negócios.
- **Interdependência ou dependência mútua**: Refere-se à necessidade de se manter um relacionamento com parceiro de negócios para se atingir metas traçadas.

- **Compatibilidade organizacional**: Refere-se à existência de objetivos e metas complementares entre parceiros de negócios, bem como similaridade entre as filosofias de operação e a cultura corporativa desses parceiros.
- **Visão**: Deve haver entendimento comum entre os parceiros de negócios sobre a criação e a comunicação da visão da cadeia de suprimentos.
- **Processos-chave**: A SCM pode ser entendida como o gerenciamento de múltiplos processos de negócios, incluindo os processos logísticos e das demais funções tradicionais das empresas.
- **Liderança**: As cadeias de suprimentos necessitam de líderes (empresas, funções e indivíduos), que exercem papel crucial na coordenação e na compreensão da cadeia de suprimentos como um todo e devem ser capazes de estimular comportamento cooperativo entre os demais membros.
- **Apoio da alta direção**: Desempenha papel crítico na definição dos valores, na orientação e na direção das organizações, além de assegurar comprometimento com as mudanças.

Conforme Davenport e Brooks (2004), usualmente, o primeiro ímpeto para a adoção da SCM tem a ver com as oportunidades de redução de custos. No entanto, efetivamente, o principal motivador para as empresas são as oportunidades de provocar profundas diferenças na qualidade do serviço ao cliente por meio da implementação da SCM.

Você deve compreender que cadeias de suprimentos, ou *redes de suprimentos – supply chain* ou *supply network –*, existem independentemente de haver um gerenciamento que governe as atividades desempenhadas por seus diversos membros. Ou seja, a principal novidade é a gestão desses relacionamentos em busca da integração, apoiada nos conceitos de colaboração e cooperação. Para que a rede se torne eficaz, é necessário haver a integração das áreas tradicionais das empresas, como: produção, logística, marketing e compras, tanto na esfera interna como na externa à empresa, demandando algum nível de coordenação de atividades e processos dentro e entre os negócios (Cooper; Lambert; Pagh, 1997). Esse é o caso em que se diz que determinada rede é gerenciada pela **empresa líder** ou focal.

Podemos, então, assumir o conceito de Mentzer et al. (2001) de rede de suprimentos como um conjunto de processos de gestão de relacionamentos, de informações e de fluxos de materiais entre empresas para entregar valor ao cliente final, por meio de gestão sincronizada de fluxos de bens físicos, associados ao correspondente fluxo de informações das fontes de matérias-primas ao cliente final.

> Uma rede de suprimentos é uma coletânea de processos, os quais devem ser gerenciados, orientados, numa ponta, pelos processos de gestão de relacionamentos com clientes (*Customer Relationship Management* – CRM) e, noutra, pelos processos de gestão de relacionamentos fornecedores (*Supplier Relationship Management* – SRM), que são estratégicos de uma rede. (Lambert e Enz, 2017)

Mas por que as empresas se unem? Por que compartilhar ganhos, se seria possível ganhar tudo sozinha?

De forma objetiva, as empresas se unem em redes para obter resultados que sozinhas seriam mais difíceis de serem alcançados, como determinados níveis de custos, de qualidade do produto ou de rapidez nas entregas. Ou seja, se unem para serem, juntas, mais competitivas ou porque a vida de uma empresa sozinha é mais arriscada do que se estiver em uma rede. Uma rede de suprimentos é uma intensa atividade de divisão do trabalho em busca de competências para que se encontre o melhor produto ao menor custo.

Além disso, redes minimizam riscos de sobrevivência, pois os benefícios típicos de empresas trabalharem em redes podem ser sentidos na menor necessidade de capital de giro e em menos perda de vendas. Em termos de resultados, registram-se redução de estoques, redução na obsolescência de produtos em estoque, aumento nas vendas, que se originam da maior disponibilidade de produtos, e redução de custos na rede de fornecedores.

O objetivo de uma rede de suprimentos é a geração de valor. Para os clientes da cadeia, *valor* pode ser medido pela diferença entre o preço pago e o benefício obtido. Para os integrantes da cadeia, *valor* pode ser medido pela lucratividade alcançada. Por exemplo, nós percebemos o valor quando encontramos um produto mais barato numa loja ou quando recebemos em casa uma compra do comércio eletrônico no prazo mais curto. Valor, nesses casos, pode significar valor financeiro ou benefício de ter o produto mais rapidamente e desfrutar de suas utilidades

1.2 FORMATO E OPERACIONALIZAÇÃO DE REDES DE SUPRIMENTOS

As redes de suprimentos são formadas à base de uma **empresa líder**. As empresas não se unem naturalmente. Quando acontecem as parcerias, certamente, algumas delas fazem concessões às outras, isto é, se tornam flexíveis a ponto de alterar planos, se sacrificam, criam compromissos mais rígidos, tudo para atender ao parceiro. Tudo precisa ser organizado e também sincronizado para se evitar perdas em estoques, paralisações de linhas de produção e atrasos em entregas, por exemplo.

A empresa que assume a liderança tem as melhores condições de avaliar o mercado, pela capacidade criadora de produzir o que o mercado demanda ou por outras circunstâncias. Tomemos como exemplo o mercado automotivo. Nesse caso, a indústria é a empresa líder, pois é a responsável pela compreensão das possibilidades de inovação nos veículos, das necessidades dos proprietários e usuários e das regras de segurança necessárias. Mas a indústria – Fiat, Volvo, Ford, Renault etc. – não produz os itens que compõem o veículo final. No segmento da manufatura, ela "apenas" monta o veículo.

Entretanto, como você sabe, o projeto do produto, que é vital, foi a indústria que elaborou. Feito o principal, ela encomenda as peças a seus **fornecedores** – motores, bancos dos veículos, computadores de bordo, pneus etc. Esses são os chamados *fornecedores de* **1ª camada** da rede. Essa é a camada que mantém contato direto com o fabricante. Mas o fabricante que produz os bancos também tem os seus próprios fornecedores. Tem os fornecedores de estruturas metálicas, de estofamento, de cinto de segurança etc. Você está vendo aí que existe uma **2ª camada** da rede. E outras de igual ou menor importância poderão existir nessa sequência. A Figura 1.2 ilustra a operacionalização do conceito de rede de suprimentos.

FIGURA 1.2 – ESTRUTURA DE UMA REDE DE SUPRIMENTOS

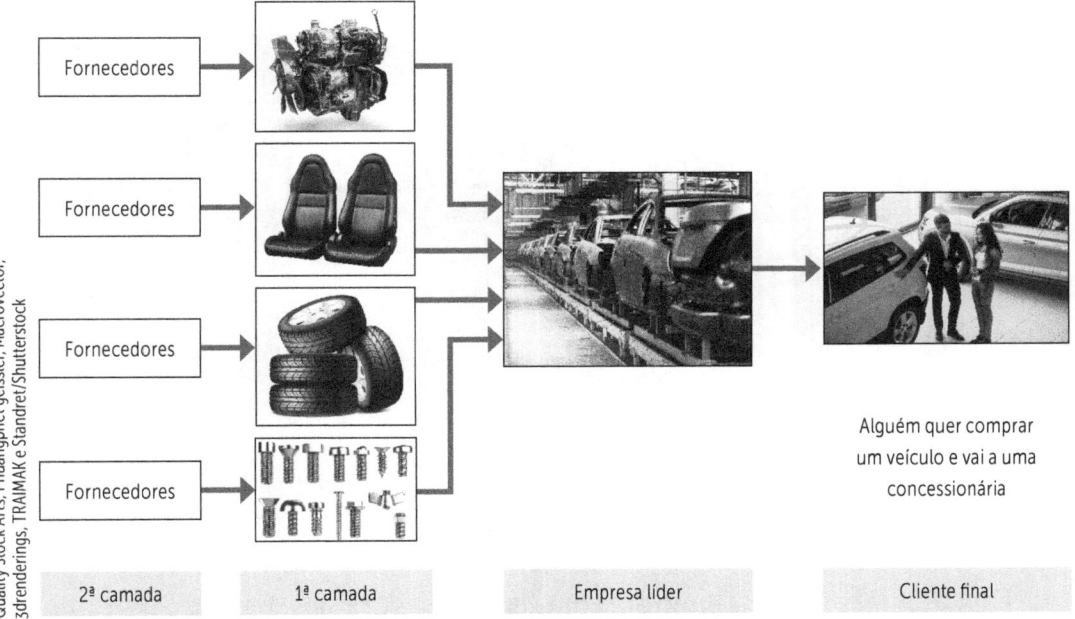

Tradicionalmente, as redes de suprimentos têm cinco estágios, ou elos: cliente final, varejo, atacado, manufatura/serviços, fornecedor. Esses estágios, ou elos, demarcam funções. Isso quer dizer que as funções dos elos devem sempre ter responsáveis claros. Por exemplo, o cliente final não conseguirá comprar um produto se não houver o varejo ou algum responsável pelo acesso, como as vendas pela internet. No entanto, a empresa pode produzir e não usar um distribuidor, mas terá de assumir a responsabilidade de fazer a distribuição, ou de fazer os produtos chegarem ao varejo, caso contrário, o produto não terá visibilidade nem acesso para quem desejar adquiri-lo. A Figura 1.3 ilustra uma rede de suprimentos genérica.

FIGURA 1.3 – ILUSTRAÇÃO DE UMA REDE DE SUPRIMENTOS

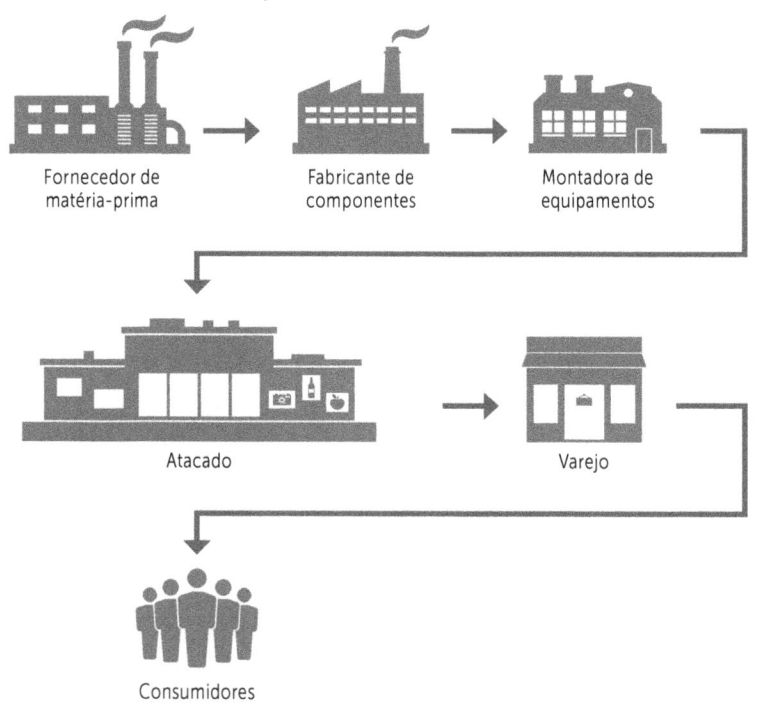

Fonte: Bertaglia, 2009.

Empresas querem, cada vez mais, inovar para capturar valor e definir novas estratégias de configuração de suas redes de suprimentos. As vendas on-line são um lado concreto da realidade. Avançam em proporção descomunal, jamais prevista, e implicam a formação de redes enxutas baseadas, principalmente, em três elos: cliente final, manufatura/serviços e fornecedor. Nesse caso, a logística precisa compensar os elos faltantes para os pedidos (vendas) serem captados e as entregas acontecerem corretamente.

Mesmo no caso de cadeias mais tradicionais, há esforços de inovação. Um bom exemplo é o caso da Coca-Cola, que manifestou seu interesse de vender suas operações de engarrafamento e distribuição e dedicar-se à produção do concentrado, o que implica perder o contato direto com o consumidor. O interesse é se desfazer de ativos e demais gastos de capital e ater-se a indicadores de rentabilidade, tendo mais agilidade para mudanças (Esterl, 2016).

Na contramão, a Heineken adquiriu 1.900 *pubs* na Inglaterra para aproximar-se mais de seu cliente final, esperando aumentar a visibilidade de suas marcas – como Heineken e Amstel. Outro objetivo era aumentar poder de barganha com outras cervejarias para desenvolver acordos de fornecimento recíproco com estabelecimentos (Chaudhuri, 2016a).

Ao mesmo tempo, o comércio eletrônico tem criado novas experiências, uma vez que todos querem explorá-lo para estar mais próximos dos clientes finais. A Walgreens Boots Alliance, empresa tradicional na venda de produtos farmacêuticos nos Estados Unidos, está se unindo à Kroger para vender alimentos em drogarias. Algumas lojas da Walgreens já servem como pontos de coleta para pedidos de compras *on-line* da Kroger e ambos os negócios estão tentando expandir seu alcance à medida que os rivais de comércio eletrônico e do varejo físico continuam o avanço agressivo (Haddon, 2018).

Por sua vez, a Dollar General, empresa tradicional do varejo físico diversificado, planeja adicionar 200 novas lojas oferecendo produtos refrigerados e alimentos frescos. Entretanto a ramificação em produtos perecíveis complicará a logística para empresas cujas lojas são mais pensadas para bens de consumo de prateleira (Al-Muslim, 2018).

1.3 ESTRUTURAÇÃO DE UMA REDE DE SUPRIMENTOS

Como tudo que há de complexo em gestão e que precisa se sustentar no longo-prazo, é necessário considerar os níveis e os prazos para se definir uma rede de suprimentos e sua atuação. Inicialmente, segundo Lambert e Enz (2017), as principais decisões, aquelas que "tiram o sono", causam angústia e são as mais cuidadosas, dizem respeito a:

- **Quais serão os elementos-chave?** Ou seja, determinar quais serão os fornecedores, distribuidores, pontos ou redes de varejo, operadores logísticos etc. que realmente vão trazer valor para o negócio, vão proporcionar diferenciais que o meu concorrente não tem ou não consegue obter.
- **Quais processos serão implementados com quais elementos-chave?** Determinar quais fornecedores-chave serão responsáveis por quais processos, ou seja, produção de produtos, produção e entrega de produtos, produção e gestão de outros fornecedores para entrega de módulos; se operadores logísticos farão a entrega simples, se farão também a gestão de estoques, se irão monitorar os custos de vendas e apoiar as estratégias mercadológicas; se os distribuidores serão meus clientes, que revenderão os meus produtos, ou se trabalharemos com sistemas de informação integrados, de forma que os ressuprimentos, ou seja, as entregas acontecerão automaticamente com a baixa de estoques.
- **Qual o nível de integração e a forma de governança a ser aplicada a cada processo?** Definir se a integração será por meio de comunicações pessoais, por equipes multiorganizacionais, por sistemas de informação; como serão planejados e executados os planos; como podem ser organizados os esforços entre múltiplas empresas e funções; como serão monitorados os desempenhos; como serão compartilhados custos e benefícios.

Como você percebeu, são necessárias escolhas.... Muitas escolhas!

Vamos "fazer" uma rede de suprimentos? Estamos prontos. Precisamos pensá-la nos níveis estratégico, tático e operacional. No nível estratégico, definimos o desenho (*design*) da rede, os passos para atingir a estratégia desenhada, por meio do planejamento da rede, e onde usaremos os nossos recursos nas operações da rede.

No nível da **estratégia**, ou **desenho da rede de suprimentos**, decisões relevantes dizem respeito à estrutura da rede e a responsabilidades sobre os processos em cada estágio. Elas são, primeiramente, orientadas pelas características do produto ou do mercado. Empresas atuam em segmentos que concorrem, prioritariamente, em custos ou em diferenciais (qualidade e inovação). Isso faz toda a diferença nas decisões que vêm em seguida. Dessa forma, se a sua empresa for atuar no segmento de produtos alimentícios *in natura*, você será competitivo se colocar no mercado o produto mais barato, dado um padrão de qualidade estabelecido. Porém, você pode optar por colocar no mercado produtos alimentícios processados, o que implicará buscar sempre novidades para se diferenciar perante seus concorrentes.

Pense num laticínio que tem como único produto leite fluido e pequena linha de derivados, queijo frescal e requeijão, por exemplo. Agora, imagine um laticínio que coloca no mercado apenas produtos diferenciados: queijos finos, queijos sem lactose, produtos com processos mais elaborados.

Em um segundo momento, as decisões definirão a configuração geográfica e de imersão na rede, bem como a seleção dos parceiros e as atribuições e recompensas dos participantes. A configuração geográfica é tida como um dos fenômenos impulsionados pelo processo de globalização. As empresas buscam constantemente condições melhores para produzir, procurando oportunidades mais acertadas em custo, em acesso à tecnologia ou em vanguarda, por exemplo, gerando um movimento dinâmico em busca de valores a serem capturados no espaço global.

A decisão do tipo de rede a ser desenvolvida não é uma decisão de localização simples, mas uma questão estratégica de alta complexidade, dadas as interfaces internas, os comprometimentos com aportes de recursos em pontos geográficos peculiares e a gestão para o alcance dos propósitos estabelecidos pela estratégia. Requer avaliar o papel da unidade na captura de valor para a rede, que pode ter origem no acesso a fontes de recursos naturais raros – como uma empresa britânica que procura o Brasil para explorar suas minas e seus minerais –, em recursos que possibilitem redução de custos, ou no alcance de patamares tecnológicos mais elevados – como empresas que posicionam subsidiárias no Vale do Silício no Estados Unidos para acompanhar a vanguarda do desenvolvimento da tecnologia, por exemplo.

Empresas globais atuam em diversos locais e podem demonstrar, ou não, interesse em permanecer ali indefinidamente por meio dos investimentos que fazem (Ferdows, 2009). A Ikea, por exemplo, tem uma rede de 1.300 fornecedores distribuídos em 53 países, com 46 escritórios de negócios em 32 países, que procuram sempre novas oportunidades de fornecedores. A empresa é especializada na venda de móveis domésticos, projeta produtos simples, encomenda peças também simples e não compartilha informações de seus planos com fornecedores. Agindo dessa forma, a empresa limita sua relação com os fornecedores e dá pouca importância às questões dos locais.

Por sua vez, a Intel Corporation tem 19.000 fornecedores em mais de 100 países. A rede de produção conta com 15 plantas, seis nos Estados Unidos. Uma vez que posiciona uma planta em um local, a determinação da empresa é que a subsidiária permaneça ali, resolva os problemas que aparecerem e mantenha relações com a comunidade local. Quando age dessa forma, a empresa não usa o país hospedeiro e os fornecedores locais para uma mera exploração comercial.

O jogo da concorrência e a interação com as comunidades locais é bastante dinâmico, por isso você deve ter claro que nada que seja estabelecido dá conforto e segurança, logo, tudo precisa ser acompanhado, isto é, gerenciado. As decisões precisam ser tomadas e, muitas vezes, a evolução das necessidades e o caminho da inovação coloca desafios. Por exemplo, alguns centros importantes de produção agrícola estão rejeitando plantas industriais do setor de carnes nos Estados Unidos (Bunge, 2017). Moradores de diversas cidades, da Califórnia a Carolina do Norte, que haviam atraído plantas industriais, agora rejeitam que as empresas tenham sua operação no local em razão dos impactos no ambiente, nas estradas e no estilo de vida da cidade. Isso implica afastar a produção industrial da produção de insumos, principalmente grãos, criando custos adicionais de transporte. Ao mesmo tempo, coloca como solução a implantação de unidades gigantes de abate em locais distantes, o que aumenta o custo fixo e o risco de paralisações na produção. Ou seja, muitos planos e muitos investimentos que serão reavaliados, recursos perdidos, uma vez que essa reação não estava nos planos de negócio.

Todavia, o avanço tecnológico da indústria automotiva em direção aos carros autodirigíveis está mudando a importância relativa dos fornecedores. Na nova era do setor, fornecedores ligados à tecnologia de autocondução, incluindo câmeras, sensores a laser e software de inteligência artificial, ganharam a primazia. A importância dos atores da cadeia automotiva está mudando dos fornecedores de sistemas de transmissão e sistemas de segurança para fabricantes de chips, como a Nvidia Corporation (Higgins, 2017).

Mas o mercado também altera as suas preferências. Foi assim quanto às escolhas pelas fontes de energia, o que fez com que a gigante mundial General Eletric (GE) tivesse de rever todos os seus planos, inclusive, as suas parcerias nas preferências pela fonte de energia. A demanda futura reside nas energias renováveis, que poderá alcançar até 40% da energia até 2040 segundo a Agência Internacional de Energia, em comparação com 24% de 2018. As matrizes de energia eólica e solar não precisam de turbinas, o que deixou a GE com estoque adicional e lucros flutuantes, além de, aparentemente, pouca escolha.

Atente que as definições iniciais e o acompanhamento das tendências é uma das funções vitais da empresa líder de uma rede de suprimentos! Na prática, estamos falando, principalmente, de decisões sobre:

- **Instalações**: Localização e capacidades.
- **Produtos**: Manufatura e armazenamento.
- **Serviços de transporte**: Nível de serviço e escolha da modalidade.
- **Gestão da informação**: Nível de integração com fornecedores e clientes.

Você se lembra dos dois tipos de laticínios de que falamos anteriormente? Aquela situação em que um laticínio tem como único produto leite fluido e pequena linha de derivados e outro coloca no mercado apenas produtos diferenciados?

Você sabe como seriam diferentes as decisões de que tratamos anteriormente considerando os objetivos de cada um dos laticínios?

As definições e redefinições das estratégias e desenhos das redes de suprimentos são acompanhadas por decisões **táticas** que estão no âmbito do **planejamento da rede**. A rede precisa ser alimentada com informações, dentre elas, a mais relevante é a **previsão de demanda**. Estimativas da demanda futura alimentarão a rede e medidas proativas deverão ser tomadas no sentido de antecipar investimentos para se preparar para aumentos de demandas, para reconfigurações na produção em razão de mudanças nas preferências ou atendimento a novos clientes ou, até mesmo, redução do ritmo de produção. Tudo isso implica planejamento conjunto com fornecedores para dar a eles a oportunidade de acompanhar a evolução dos negócios, sem comprometer capital ou perder a capacidade de suprimento necessária para a rede.

A Apple, por exemplo, foi pega de surpresa pelo avanço da competidora chinesa Huawei, reforçada pelo aumento dos impostos na Europa e pelo lançamento de um produto próprio mais barato – linha SE –, que provocaram uma queda de 14,6% no faturamento, de 27% nos lucros e na quantidade de iPhones vendidos (40.4 milhões no primeiro trimestre de 2016 e 47,5 no primeiro trimestre de 2015). Essa também foi uma surpresa desagradável para os fornecedores, que acumularam estoques e, depois, foram chamados a reduzir preços (Wakabayashi, 2016).

Mas não é "apenas" a previsão da demanda que define o âmbito do planejamento da rede, outras decisões darão o contorno final às questões táticas de como garantir o cumprimento dos objetivos e a manutenção das estratégias. São elas:

- as unidades que irão suprir quais mercados ou clientes;
- o nível de estoque necessário para atender à demanda, dentro dos objetivos estratégicos traçados;
- o que pode e precisa ser terceirizado para melhorar o desempenho;
- as estratégias de posicionamento e de promoções no mercado que precisam ser definidas ou redefinidas;
- como está o cenário econômico e político local e global (taxa de câmbio, projeções de novos competidores, eleições etc.).

Agora, chegamos ao plano **operacional**. No dia a dia, tudo tem que acontecer, isto é, o que foi planejado tem de ser executado. Os ajustes têm e precisam ser feitos. A configuração da rede é fixa e a estratégia está estabelecida. Cabe primar pela eficácia e pela eficiência. Para você conceber melhor esse plano, vamos a um exemplo: se a entrega está programada para os próximos dias ou próximas horas, resta apenas saber se o serviço será feito com frota própria ou qual operador foi contratado. Tudo tem de estar programado para ser executado. E ser executado conforme programado.

Observe com atenção a Figura 1.4, que ilustra os três níveis de formação da rede de suprimentos.

FIGURA 1.4 – NÍVEIS ESTRATÉGICO, TÁTICO E OPERACIONAL DA FORMAÇÃO DE REDE DE SUPRIMENTOS

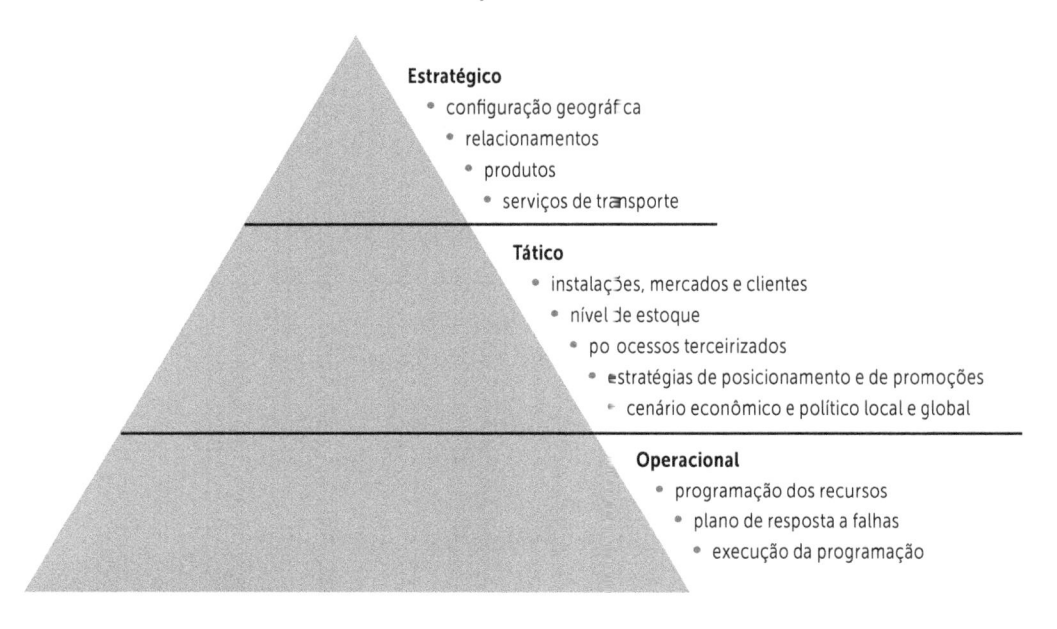

Estratégico
- configuração geográfica
- relacionamentos
- produtos
- serviços de transporte

Tático
- instalações, mercados e clientes
- nível de estoque
- processos terceirizados
- estratégias de posicionamento e de promoções
- cenário econômico e político local e global

Operacional
- programação dos recursos
- plano de resposta a falhas
- execução da programação

Fonte: Elaborado com base em Chopra e Meindl, 2004.

1.4 EXEMPLOS DE REDES DE SUPRIMENTOS

Para que você conheça exemplos de redes de suprimentos, vamos usar os casos de empresas que têm instalações no Polo Industrial de Manaus (PIM). Atualmente, ele abriga muitos complexos industriais, com, aproximadamente, 500 empresas de diferentes nacionalidades operando em cerca de 20 diferentes setores industriais, como eletrônicos, veículos de duas rodas, produtos ópticos, produtos informáticos e indústria química (Suframa, 2014).

O PIM integra a Zona Franca de Manaus – ZFM, administrada pela Superintendência da Zona Franca de Manaus (Suframa), uma autarquia vinculada ao Ministério do Desenvolvimento, Indústria e Comércio Exterior. Uma zona franca é uma zona de livre comércio (FTZ), com exceções de incentivos para atrair investimentos em relação à política tarifária nacional.

Reduzimos, aqui, a rede ao relacionamento entre as empresas líderes e suas redes de fornecedores. Para chegarmos à configuração, foram realizadas entrevistas nas empresas líderes e com os seus fornecedores.

No primeiro caso, trataremos de empresa global que produz motocicletas e está instalada no PIM: Honda. Esse setor industrial é o maior centro de produção de motocicletas da América Latina e é composto por cerca de 70 empresas, desde fabricantes de motocicletas até fornecedores de componentes e de peças. A sede da Honda fica no Japão e as instalações brasileiras têm como objetivo atender a demanda local e capturar os incentivos dos impostos pelo governo brasileiro.

A Honda começou a operar a fabricação local de motocicletas no Brasil, em Manaus, em 1976, com capacidade instalada de dois milhões de motocicletas por ano. A empresa é bastante verticalizada, isto é, desenvolve internamente muitos dos processos, por exemplo, aqueles que resultam no cabeçote. A empresa classifica os fornecedores em quatro fontes: os fornecedores de São Paulo, que fazem os suprimentos de itens de pequeno valor agregado, como parafusos e porcas; os processos não terceirizados, que suprem internamente o cabeçote; os fornecedores internacionais, de peças eletrônicas de alto valor agregado; e os fornecedores locais, que se responsabilizam por 87% dos itens supridos por 31 fornecedores, como paralamas, para-choques, bomba de combustível, embreagem, transmissão, eixos e pneus. Chama a atenção o fato de que os itens amortecedor, bomba de combustível, embreagem, transmissões e eixos são de inteira responsabilidade do fornecedor, inclusive, os detalhes do projeto do produto não são conhecidos pela Honda. O relacionamento com os fornecedores locais é baseado no desempenho. Um dos itens é o risco de desabastecimento ou a capacidade de entrega. Os custos de paralisação de linha, ou retorno de produto à linha para finalização por falta de peça ou item, são muito grandes. Alguns fornecedores fazem entregas a cada hora – por exemplo, bomba de combustível. Outros entregam por turno ou diárias. O objetivo é reduzir estoques.

Já no setor de relógios de pulso, existem cerca de 31 empresas que foram instaladas em Manaus na década de 1990. Vamos tratar aqui dos casos da Orient e da Magnum.

A Orient Relógios está instalada em Manaus há 36 anos. A empresa foi atraída para Manaus em razão dos incentivos fiscais. Além da marca Orient, a empresa também produz para outras marcas globais, como Lince, Jaguar, Unique/Technos, Decathlon e Chilli Beans. São 10.000 unidades diárias em média.

Os fornecedores locais fazem o suprimento de itens claramente não estratégicos, como embalagem (Ravibras e CTK), saco plástico, etiquetas Ribbons e manuais (Cargraf). Bijuterias são compradas de fornecedor de São Paulo. Os principais itens – as partes dos relógios – vêm desmontados de fornecedores do Japão e, em Manaus, entram em linha de produção (montagem). O relógio é todo montado, pecinha por pecinha. O objetivo é manter o padrão de qualidade do produto a um custo baixo, dada a escala de produção centralizada.

Com esses fornecedores, o relacionamento é limitado, bem como a integração. Somente são compartilhadas informações comerciais, como eventuais atrasos na produção e datas de entregas e pagamentos. Mas, quando ocorre alteração na programação da produção, o fornecedor sempre é colaborativo e procura entender a situação e atender com rapidez. Há sempre dois fornecedores locais para os itens – por exemplo, para embalagens, os fornecedores locais são Ravibras e CTK.

Os fornecedores locais são avaliados de acordo com um sistema de qualidade por meio de indicadores, mas o desempenho geral não é bom e há troca um pouco constante de fornecedores por fraco desempenho em cumprimento de prazo e por não aceitar a manutenção do preço acordado.

A produção média mensal da Magnum é de 50 mil unidades e foi estimulada a instalar-se em Manaus em razão dos incentivos. A sede administrativa e as inovações em *design*, com definição dos modelos e tendências, ficam localizadas em São Paulo.

Basicamente, o modelo de negócios é a entrega de uma encomenda para um intermediário na China que viabiliza o projeto. É um fornecedor que já trabalha com a empresa há longo tempo. Esse ciclo é curto e dura em torno de 90 dias. Localmente, são adquiridos insumos que não agregam valor, como manuais e embalagens. No mercado doméstico, são adquiridos material gráfico e expositores.

O fornecedor externo é justificado em razão do custo competitivo. Os relógios são embarcados por via marítima em contêiner.

Não há integração ou relacionamento mais próximo com fornecedores locais. Relações simples por telefone e *e-mail* já são consideradas suficientes.

SÍNTESE

Estimuladas pelo acirramento da concorrência, as empresas entenderam que, formando redes para enfrentar o mercado, poderiam ter acesso a competências que vão além de seus recursos e suas disponibilidades.

Mais do que simplesmente terceirizar, as redes implicam relacionamentos colaborativos e integração dos processos com o objetivo de competir gerando valor. Geralmente, o valor pretendido, prioritariamente, é a redução de custos. Mas está mais claro que a união de interesses pode proporcionar diversas oportunidades na melhoria da qualidade do serviço ao cliente. Dessa forma, as empresas componentes de redes buscam alcançar maior nível de competitividade.

2

OPERAÇÕES, PROCESSOS EMPRESARIAIS E DAS REDES DE SUPRIMENTOS

CONTEÚDOS DO CAPÍTULO:

- O papel dos processos empresariais e interorganizacionais na formação das redes de suprimentos.
- A definição das operações alinhada às estratégias competitivas e das redes de suprimentos.

APÓS O ESTUDO DESTE CAPÍTULO, VOCÊ SERÁ CAPAZ DE:

1. discutir a importância da definição dos processos para o sucesso das empresas na participação em redes de suprimentos competitivas
2. definir estratégia de operações para desenvolver vantagens competitivas;
3. desenvolver processos interorganizacionais que capacitem empresas a participar de redes de suprimentos competitivas.

2.1 GESTÃO E ESTRATÉGIA DE OPERAÇÕES

Operações implica o conjunto de recursos reunidos em processos. Processos empresariais são as sequências de atividades desenvolvidas pelas empresas para gerar os produtos ou serviços que levam ao mercado.

A gestão das operações é determinada pelo gerenciamento das atividades da produção e de suas decisões e responsabilidades que culminam na entrega de produtos e serviços. Nessa perspectiva, podemos afirmar que a área de operações é essencial às empresas, pois é nela que ocorre a transformação de insumos em produtos, além de ser responsável pela movimentação e pelo armazenamento das mercadorias.

As operações constituem-se uma forma de desenvolver diferenciais competitivos, que são alcançados por meio das próprias forças da empresa, quando esta acessa e disponibiliza os recursos necessários para a execução da estratégia definida.

Slack et al. (2007) destacam que vantagens competitivas podem ser percebidas na forma de redução de custos produtivos e manutenção da eficiência; aumento das receitas por meio da elevação da satisfação do cliente gerada pela boa qualidade; redução da necessidade de investimentos na produção de produtos e serviços por meio do aumento da capacidade efetiva da operação e da inovação na utilização dos recursos físicos; e construção de uma base sólida para uma futura inovação por meio de habilidades de operações e conhecimentos no interior do negócio.

As decisões acerca da qualidade e da quantidade dos insumos que serão alocados em determinado processo definem o seu resultado – ou o produto ou, na nossa linguagem particular, o desempenho das operações. É preciso que os processos sejam dotados de recursos adequados para produzirem os resultados necessários ou esperados. Muitas vezes, as empresas crescem rapidamente e não fazem o devido planejamento das suas operações, causando gargalos e freios ao próprio crescimento.

Isso está acontecendo com empresas do *e-commerce* nos Estados Unidos. As vendas estão em alta. A Adobe estimou que as vendas da Cyber Monday, em 2017, aumentaram 17% em relação a 2016 e as entregas estão atrasando cada vez mais, mesmo com horas extras e expansão do horário de entrega (Ziobro, 2017). Qual o gargalo nesse caso? Ao final do capítulo, você entenderá essa situação.

Você deve ter em mente que **recursos**, **processos**, **operações** e **redes de suprimentos relacionam-se em sequência**. Vamos a um exemplo para que você possa compreender essa afirmação: se um gestor de logística aplicar recursos financeiros insuficientes em um processo de contratação de transporte, isto é, contratar frete barato, essa operação de transporte está fadada a ter baixo desempenho, que pode ser medido pelo prazo longo até o produto ser entregue ao cliente final ou pela falta de segurança da carga, que pode chegar avariada.

Continuando no efeito em cadeia, se as suas entregas não têm bom desempenho, seja por atrasos, seja por avarias, por mais que o seu produto seja de reconhecida qualidade, a sua empresa perde clientes. Um erro do gerente prejudicou a imagem da empresa e a fez perder mercado ou perder bons parceiros.

Você, provavelmente, deve estar se questionando: Por que isso acontece? Porque o gerente não sabia como os clientes precisavam ser atendidos.

Neste momento, entramos na área da **estratégia das operações**. Isso implica conhecer os atributos que são críticos e que fazem a diferença perante o cliente e os outros competidores – em suma, como as operações podem gerar vantagens competitivas. Isso se dá por meio da boa *performance* nas seguintes dimensões clássicas das operações: **custos**, **qualidade**, **confiabilidade**, **rapidez** e **flexibilidade**. Essas dimensões também são conhecidas como *prioridades competitivas*, *critérios de desempenho*, *objetivos de performance*, *missões de manufatura*, *capacidades competitivas*, *dimensões de performance*, *dimensões competitivas* e *critérios vencedores da produção*.

Miller e Roth (1994) definiram esses atributos competitivos como fatores direcionadores-chave da estratégia, de forma que, com base neles, possam ser definidas as funções da manufatura que devem ser realizadas, com ênfase nas habilidades presentes na empresa que a levam a competir com a concorrência.

Há muito tempo, estrategistas da área de produção descartaram o objetivo restrito das operações à minimização de custos, chamando a atenção para enfoques que pudessem realçar o seu papel na agregação de valor ao cliente final, incluindo atributos prioritários nas operações, como qualidade, velocidade de entrega e flexibilidade. Lançavam luz sobre a necessidade do alinhamento das estratégias das operações às estratégias do negócio.

O **custo** é uma métrica financeira e objetiva que resulta diretamente da produtividade e da eficiência dos processos de produção. Para aquelas empresas cuja competição está centrada no preço, os custos irão claramente ser o objetivo maior das operações. A medida mais frequentemente utilizada para indicar o quanto a operação está tendo sucesso é a produtividade (*output* da operação dividido pelos *inputs* para a operação).

A **qualidade** é entendida de forma variada, a depender do contexto. Ela pode se referir à conformidade consistente com as expectativas dos clientes, configurando-se como o fator de maior influência na satisfação ou insatisfação do consumidor. Também pode ter relação com características especiais, durabilidade, assistência técnica, estética e imagem do produto. A qualidade pode ainda gerar alguns benefícios à organização, como redução de custos, devido a menor número de erros no processo de fabricação e aumento da *performance* da qualidade, em termos de redução de perdas e erros nos processos, repercutindo interna e externamente, o que leva à estabilização e a processos eficientes.

Confiabilidade diz respeito à capacidade de cumprir acordos. Os acordos podem ocorrer em diversos níveis, como em quantidade, em consistência – por exemplo, 2.000 unidades semanais – e em termos de integração – entregas com quantidades certas e hora marcada. Empresas confiáveis geram reputação e, assim, fidelizam clientes e expandem sua participação no mercado. Segundo Ziobro (2018), por exemplo, a UPS realizou, durante a semana de Ação de Graças de 2018, 98,3% das entregas no prazo, uma melhora expressiva ante o desempenho do ano anterior, de 89,2%, ou seja, cerca de 3,3 milhões das encomendas enviadas por meio da UPS Express foram entregues após o dia em que foram prometidas.

A capacidade de dar respostas rápidas – genericamente, **rapidez**, ou mesmo **pontualidade** – é mais uma importante forma de diferenciação que pode ser obtida por meio das operações. Isso implica, em linhas gerais, atender a um pedido colocado em curto espaço de tempo. Gera valor ao cliente ao proporcionar redução de estoques e melhorias nas condições de previsão. Por exemplo, em parceria com a FedEx nos Estados Unidos, a Walgreens, uma rede de farmácias, está fazendo entrega domiciliar no dia seguinte ao pedido como estratégia para competir com a nova concorrente, a Amazon.com (Al-Muslim, 2018). O Starbuck enfrenta o desafio da **rapidez da entrega após o preparo** para oferecer o novo serviço de entrega de cafés, como forma de enfrentar a redução de clientes nas suas cafeterias.

A **flexibilidade** trata da capacidade de adaptação da empresa a situações sobre as quais não tem controle, pois, na ocorrência de emergências ou eventos não programados, ela deve se reorganizar para manter o cronograma de atendimento. A flexibilidade pode ser de volume, quando a empresa é capaz de atender a variações nos pedidos dos clientes; no *mix*, quando atende de forma satisfatória à variedade de itens dos pedidos; na entrega, quando os pedidos são redirecionados para novos pontos de entrega; e quando a empresa responde de forma inovadora ao mercado, gerando novos produtos com regularidade.

Você já deve estar compreendendo, portanto, que estratégia de operações implica dotar os processos de recursos que sejam capazes de produzir o resultado necessário em termos dos critérios competitivos mais desejados pelos clientes. Ou seja, os processos precisam produzir operações com bom desempenho em **custos**, **qualidade**, **confiabilidade**, **rapidez** e **flexibilidade**. E a situação mais comum é percebermos que dois ou, no máximo, três desses critérios são preponderantes, sobressaem-se sobre os demais. É como se houvesse, dentro das empresas, um *ranking* dos objetivos de desempenho a ser seguido.

Como você sabe, todos fazem escolhas. Não dá, por exemplo, para ter o melhor produto e este ser o mais barato. Qualidade acarreta custos! No segmento veículos econômicos, segurança interessa? Alguém compraria um carro se ele não fosse reconhecidamente seguro? A resposta é sim, compraria. Em 2017, o Chevrolet Onix foi o campeão de vendas no Brasil, com 188.654 unidades vendidas. Porém o veículo foi reprovado em diversos testes de segurança. Os proprietários de veículos não se importam com segurança? Não parece ser bem isso. É que os proprietários dessa categoria priorizam preço.

Já os compradores do comércio *on-line* querem rapidez nas entregas. Segundo relato de uma pesquisa feita pela consultoria AlixPartners LLP no mercado norte-americano, no mesmo momento em que consultam o produto e o preço, os compradores consultam condições de entrega (Chao, 2016) e, assim, definem suas compras. De olho nessa priorização, o Mercado Livre anunciou que irá ampliar sua capacidade de logística e distribuição em até quatro vezes até o primeiro trimestre de 2019 para melhorar a logística e o prazo de entrega, investindo 2 bilhões de reais no Brasil. Segundo Leandro Bassoi, diretor de Mercado, muitas pessoas ainda vão a uma loja para comprar porque não podem esperar pela entrega (Salomão, 2018).

2.2 PROCESSOS E OPERAÇÕES NAS REDES DE SUPRIMENTOS

Como você já deve ter compreendido, é preciso lembrar que recursos, processos, operações e redes de suprimentos relacionam-se em sequência. Novamente, vamos insistir na importância da compreensão dessa relação. Se você, como gestor do processo, não tiver claras as características do cliente a ser atendido, como poderá escolher os recursos para aplicar no processo? E, mesmo que saiba a quem atender, se não tiver os recursos ou acesso a eles, também não será bem-sucedido.

Você já refletiu sobre por que nem todos os hospitais têm o mesmo nível de serviço, a mesma reputação? Por que, mesmo na área de emergência, o atendimento é mais rápido em alguns hospitais do que em outros? Por que alguns hospitais têm menor taxa de óbito de pessoas em tratamento do que em outros? Por que alguns hospitais apresentam maior taxa de sucesso em cirurgia do que outros?

Você deve estar ponderando: Os processos dos hospitais não parecem ser semelhantes? Se a sequência de atividades é muito parecida, então, por que há diferença no resultado? Será que a precisão e a disponibilidade de equipamentos, a qualidade e a quantidade de pessoal, a precisão dos diagnósticos de cada hospital, tudo isso, em seu conjunto, explica a diferença nos resultados?

Sim, esse é o caminho para compreender os diferenciais. Resultados melhores e consistentes nos processos – digamos, nas operações –, quando em relações comerciais, fidelizam clientes. Empresas que alcançam resultados melhores são cobiçadas pelas líderes de mercado. Abrem espaço para a sua própria entrada numa rede competitiva.

Os processos são a forma como uma rede de suprimentos efetiva-se, toma corpo, torna-se realidade, acontece. As empresas integram-se por processos. Os ciclos das redes de suprimentos fazem interagir os cinco estágios, ou elos – cliente final, varejo, atacado, manufatura/serviços, fornecedor –, e eles ocorrem entre os membros da rede, apontando os processos e definindo os papéis e as responsabilidades dos componentes da rede.

 O fornecedor é a célula básica e define processos para atender aos requisitos colocados pelo fabricante com materiais e serviços. Esses requisitos dos fabricantes podem ocorrer em termos de lotes, de frequência de entregas, de datas e horários para entregas, por exemplo. Em razão de pouca disponibilidade de docas ou para controlar o fluxo de veículos nos pátios, as empresas podem restringir horários e quantidades de entregas. O suprimento precisa ser feito sob restrições. Os processos precisam ser remodelados para produzirem os resultados, isto é, realizar as entregas necessárias, considerando as restrições impostas.

 A empresa que produz o produto ou serviço é a responsável pelos processos que fazem o ressuprimento ao atacado. O atacado precisa, normalmente, receber grandes lotes, isto é, muitas carretas de alguns itens, e isso exige do fabricante, por exemplo, programar a produção e as entregas de modo a honrar os compromissos assumidos com os varejistas.

 Da mesma maneira, os atacadistas vendem para os varejistas e as entregas precisam acontecer. Os varejistas fazem pedidos em pequenas quantidades, com bastante frequência e, muitas vezes, estão localizados em pontos onde a entrega é difícil, onde a parada de veículos para descarregar é complicada. Por exemplo, pizzarias demandam queijos e outros frios diariamente e, normalmente, estão localizadas em regiões centrais das cidades. Os atacadistas fazem as entregas, com veículos pequenos, os chamados *veículos urbanos de carga*, assim definidos pela legislação, e, não raro, são vistos parados em filas duplas para que a entrega aconteça.

 E saiba que o varejo também é submetido aos gostos e às preferências do consumidor final e deve alinhar os seus processos para atendê-lo melhor. A forma como o consumidor aponta o desejo de consumir determinado produto orienta o varejo a explorar essa oportunidade. Cadeias de *fast food*, lojas de conveniência em postos de combustível e o crescimento e a diversificação do comércio em contraponto aos hipermercados indicaram um segmento de consumidores que não planejam as suas compras e não querem se deslocar muito para adquirir determinados produtos. Os processos desses negócios são diferentes daqueles das lojas convencionais. Por exemplo, autosserviço e agilidade orientam os seus processos!

Numa visão de rede de suprimentos, liderando estudos desde 1992 sobre o tema, o Professor Douglas M. Lambert, do Departament of Marketing and Logistics do Fisher College of Business da Ohio State University, consolidou oito processos interorganizacionais como aqueles vitais que definem o sucesso de uma rede de suprimentos. Como vimos, os processos devem ser gerenciados com orientação, numa ponta, para os relacionamentos com clientes (CRM) e, em outra, para os relacionamentos com fornecedores (SRM).

O primeiro desses processos é a **gestão de relacionamentos com clientes**, caracteristicamente de aproximação e de contato com os clientes para entender suas necessidades, conhecer informações de suas operações, avaliar dificuldades, desafios e oportunidades originados no relacionamento. É quando se estabelecem também as relações estritamente comerciais e os acordos operacionais, chamados PSAs – Contratos de Produtos e Serviços (*Product and Service Agreements*).

Esse processo é sucedido pela **gestão do serviço ao cliente**, a continuidade dos relacionamentos, quando estes são monitorados no dia a dia para se conhecer o desempenho das operações e saber se o que foi prometido está sendo cumprido. Esse processo é alimentado com informações diversas, como disponibilidade do produto, data, localização e *status*. É o momento em que se avaliam, se definem e se redefinem os recursos em termos de infraestrutura e de pessoal.

O processo de **gestão da demanda** diz respeito à capacidade de atender, influenciar e antecipar a demanda. O interesse principal recai na necessidade de demonstrar capacidade de posicionar-se no mercado, conseguindo aliar as necessidades de suprimentos com as oportunidades da demanda.

A antecipação de flutuações e a boa gestão de riscos são competências necessárias para o bom desempenho desse processo. Além do mais, "O atual modelo de carregar estoque e descarregá-lo quando as vendas não acontecem está acabado", diz Robert D'Loren, executivo-chefe da Xcel. "É uma corrida para o fundo do poço dos preços."[1] (Kapner, 2016, tradução nossa). Quer dizer, o ideal é chegar ao modelo de dizer ao mercado o que e quanto vai ser consumido.

Um exemplo de gestão de demanda é a Toyota, que avançou ainda mais nesse campo ao decidir implantar um sistema, chamado *rapidresponse*, que unificará a demanda global e o planejamento de suprimentos entre suas divisões de vendas e produção e ajudará a gerenciar melhor o volume de veículos e unidades, de acordo com o provedor de tecnologia Kinaxis of Canada. O sistema otimiza o estoque e possibilita uma resposta mais flexível à demanda dos clientes, bem como unifica vendas e produção, melhorando o planejamento da demanda e do fornecimento (Garnsey, 2018).

O processo **atendimento de pedidos** é a alma da logística e consiste em transformar solicitações do atendimento ao cliente em solicitações logísticas. Pelas informações básicas do pedido – o que, quanto, para onde e quando –, definem-se os insumos básicos do projeto e para a implantação de **rede logística**, isto é, da infraestrutura capaz de cumprir os prazos de entrega acertados com cada cliente no PSA, ao menor custo possível. Também pela análise dos pedidos, é possível definir os locais mais apropriados para produção, considerando os mercados a serem atendidos, o posicionamento de centros de distribuição (CD) e de armazéns e os serviços de transporte requeridos.

O processo **gestão da produção** visa adequar a produção à demanda, à estratégia de negócios e à estratégia da cadeia. Nesse processo, devem ser definidas também ações

---

[1] No original, em inglês: "The current model of loading up on inventory and marking it down when it doesn't sell is broken', says Robert D'Loren, executive of Xcel. 'It's a race to bottom on pricing'".

que ataquem os desperdícios e que possibilitem minimizar os estoques de materiais e produtos acabados. No âmbito desse processo, estão preocupações acerca da capacidade produtiva, da programação e execução da produção, das definições de *mix* de produção com base na economicidade, na escala e nas medidas de produtividade.

Por sua vez, o processo seguinte lembra os dois primeiros processos acerca dos relacionamentos. Mas, agora, estamos tratando da **gestão de relacionamentos com fornecedores**, que se inicia pela seleção dos processos terceirizáveis e pela busca de prestadores de serviços que estejam alinhados aos interesses e valores e que se mostrem capacitados tecnológica e financeiramente para participar da parceria. São estabelecidos relações estritamente comerciais e acordos operacionais, assim como no caso da gestão de relacionamentos com clientes, chamados de PSAs – Contratos de Produtos e Serviços (*Product and Service Agreements*).

Haverá o monitoramento do desempenho e das tentativas de correções em caso de desvios de rota. Porém, sinais do mercado, captados no processo *gestão da demanda* podem implicar muita dinâmica e ações meticulosas dos gestores desse processo para o alinhamento ao valor que se deseja entregar. Para que você compreenda, citamos como exemplo o relato de Newswires (2018) sobre as marcas de luxo que há muito tempo dependem de couros e peles de animais para impulsionar as vendas e que estão abalando suas redes de suprimentos ao abrirem mão do uso de pele, entre as quais estão líderes do mercado como Versace, Gucci, Armani, Ralph Lauren, Michael Kors e Hugo Boss. Já a McDonald's quer reduzir a quantidade de antibióticos em sua oferta global de carne bovina, seguindo a experiência de eliminação desse uso em seu frango, uma forma de concorrer com a Wendy's e a Chipotle Mexican Grill (Jargon, 2017). Nos dois casos, esse processo implica a procura ou o desenvolvimento de novos fornecedores.

O próximo processo decorre desse e remete à **gestão de desenvolvimento de produtos e comercialização**, que implica um envolvimento para a inovação. Nesse processo, os fornecedores são chamados a colaborar e a se envolver nos projetos com o objetivo de aumentar a competitividade dos produtos no mercado. Serve também para a empresa líder avaliar as restrições de competência de membros na cadeia.

E o último processo clássico é a **gestão de retornos**, muito conhecido como *logística reversa*. Esse processo é motivado pelo fim da vida útil dos produtos, defeitos, reparos, devoluções (comércio eletrônico) etc. e implica, como regra, que os produtos percorram um caminho diferente do tradicional, usualmente do cliente até um ponto, que pode, até mesmo, ser a origem (fabricante). Nessas situações, podemos contemplar os casos gerais de pós-venda, quando produtos precisam retornar por terem apresentado defeito ou por não terem agradado ao cliente. Esses custos são muito altos e imprevisíveis. Manning (2016) relata, por exemplo, ser esse um grande desafio que tem inviabilizado alguns negócios no segmento eletrônico, uma vez que 30% dos compradores, deliberadamente, adquirem mais do que precisam e, depois, retornam os itens indesejados.

Para auxiliar na compreensão, observe o Quadro 2.1, que resume os interesses dos processos e os respectivos focos.

QUADRO 2.1 – RESUMO DOS PROCESSOS INTERORGANIZACIONAIS E SEUS PRINCIPAIS FOCOS DE INTERESSE

Processo	Foco	Resumo
Gestão de relacionamentos com clientes	Clientes/Mercado	Definição do PSA
Gestão do serviço ao cliente	Clientes/Mercado	Monitoramento do PSA
Gestão da demanda	Clientes/Mercado	Gestão e previsão de vendas
Atendimento de pedidos	Processos internos	Definição dos processos e seus insumos

(continua)

(Quadro 2.1 – conclusão)

Processo	Foco	Resumo
Gestão da produção	Processos internos	Produção alinhada aos interesses dos clientes e às condições de mercado
Gestão de relacionamentos com fornecedores	Fornecedores	Captura de valor dos fornecedores
Gestão de desenvolvimento de produtos e comercialização	Competitividade	Inovação
Gestão de retornos	Logística reversa	Atender legislação Criar ou recuperar valor

ESTUDO DE CASO
CASO HEINZ: COMO A EMPRESA USOU ESTRATEGICAMENTE SUAS OPERAÇÕES PARA CONCORRER E ATUAR GLOBALMENTE

A empresa Heinz é um caso bem-sucedido de uso de estratégia de operações para definir posicionamento no mercado e de como concorrer formando uma rede de suprimentos. A Heinz entendeu que era preciso competir em **custo** e **qualidade** para superar o desafio de seus maiores rivais, os competidores com marca própria.

Para isso, utilizou a concentração da produção para reduzir custos e a tecnologia de produto e de embalagem para aumentar qualidade – o que viabilizou a terceirização da produção da pasta.

No início dos anos de 1990, a empresa, que detinha quase a metade de participação no mercado, experimentou queda de 15% nas vendas. Os competidores de marca própria estavam colocando produtos de alta qualidade e preço baixo (até 30% mais baixos). A Heinz foi obrigada a se mexer. Nos 10 anos que se seguiram, a empresa consolidou suas vendas em grandes redes por meio da redução dos custos de produção, de transporte e de processamento de tomates, baseando sua estratégia em grandes volumes de operação.

Antes, a produção era pulverizada em seis instalações de pequena capacidade em três áreas – Califórnia (3), Ohio (2) e

Ontario (1) – e havia certa facilidade em aumentar os preços conforme o avanço dos custos. A transformação ocorreu de 1993 a 2005, quando se concentrou a produção de tomates na Califórnia, no território norte-americano (questões trabalhistas de outras regiões, menores custos), e o esmagamento em instalações de grande capacidade dispersas globalmente, de acordo com áreas de produção, com plantas de processamento da pasta (terceirizadas), segregadas da produção do *ketchup*. Tudo isso sob nova tecnologia de processamento e armazenagem. A partir de 2005, a rede de instalações para esmagamento contava com apenas uma das três unidades como de propriedade da Heinz.

Fonte: Elaborado com base em Miltenburg, 2015.

SÍNTESE

Neste capítulo, você compreendeu que, estimuladas pelo acirramento da concorrência, as empresas entenderam que, formando redes para enfrentar o mercado, poderiam ter acesso a competências que vão além de seus recursos e disponibilidades.

Mais do que simplesmente terceirizar, as redes implicam relacionamentos colaborativos e integração dos processos com o objetivo de competir gerando valor. Geralmente, o valor pretendido, prioritariamente, é a redução de custos; entretanto está mais claro que a união de interesses pode proporcionar diversas oportunidades na melhoria da qualidade do serviço ao cliente. Dessa forma, as empresas componentes de redes buscam alcançar maior nível de competitividade.

É decisivo que as empresas acertem nas escolhas das redes das quais irão participar. Isso implica definir os elementos-chave, isto é, os parceiros, como fornecedores, distribuidores, pontos ou redes de varejo e operadores logísticos; quais serão as responsabilidades desses elementos-chave na geração do valor; e qual o nível de integração dos processos interorganizacionais necessário para o valor projetado ser alcançado.

3

COLABORAÇÃO E GESTÃO DE RELACIONAMENTOS NAS REDES DE SUPRIMENTOS

CONTEÚDOS DO CAPÍTULO:

- Relacionamentos entre empresas como estratégia de captura de valor na formação das redes de suprimentos.
- Razões dos desalinhamentos entre objetivos das empresas de uma redes de suprimentos.
- Questões dos conflitos entre os interesses individuais dos componentes e os objetivos da rede.
- Formas de governança mais eficazes, conforme os objetivos das redes.

APÓS O ESTUDO DESTE CAPÍTULO, VOCÊ SERÁ CAPAZ DE:

1. entender os tipos de relacionamentos nas redes de suprimentos;
2. utilizar mecanismos para a captura do valor dos relacionamentos;
3. compreender as dificuldades colocadas na obtenção do alinhamento de objetivos nas redes de suprimentos;
4. entender as desmotivações individuais dos membros das redes para alinharem-se a objetivos comuns;
5. explicar como acontece o efeito chicote;
6. avaliar medidas para se alcançar novo alinhamento.

3.1 GESTÃO DE RELACIONAMENTOS NA REDE DE SUPRIMENTOS

Muitas vezes, percebemos que existem parcerias sólidas entre fornecedores e clientes apenas quando ocorrem problemas de relacionamentos entre eles. Por exemplo, em 2017, a Sears parou de vender eletrodomésticos da Whirlpool, que, no Brasil, tem as conhecidas marcas Consul e Brastemp, em razão de disputas de preços. Isso foi notícia porque a parceria já durava mais de um século (Kapner; Tangel, 2017).

Obviamente, nem todos os relacionamentos são duradouros ou há interesse das partes que o sejam. Mas, certamente, há muitas empresas interessadas em manter mais proximidade com seus fornecedores e vice-versa, sobretudo com aqueles que possam lhes oferecer fontes de diferenciais, que lhes possam cobrir competências em complexidades, ou que não exijam ou precisariam de muitos esforços para atingi-las.

Relacionamentos **discretos**, ou seja, de curta duração, aqueles que se encerram na transação, cedem espaço para processos de longa duração, que envolvem acordos, compreensão, flexibilidade, projetos, solução conjunta – as chamadas ***trocas relacionais***. Nos relacionamentos dessa natureza, o tempo permite o planejamento e o desenvolvimento da confiança, o envolvimento das partes para a definição dos itens da troca e o respectivos compromissos.

Os relacionamentos iniciam-se em situações diversas. Nem todos aprofundam-se ou têm que se aprofundar. É como na sua vida pessoal; nem todas as pessoas que você conhece tornam-se suas amigas. Algumas, mesmo que você as conheça por muito tempo, nunca atingem um *status* de amizade. Outras, em pouco tempo, já têm a sua confiança. Às vezes, por afinidade ou por necessidade, há os caminhos esperados, os interesses e os percalços que podem explicar aonde se pode chegar.

Existem alguns modelos teóricos que tentam ilustrar o caminho entre contatos discretos até as parcerias ou relacionamentos mais aprofundados. Atente como Dwyer, Schurr e

Oh (1987) explicam essa situação. Para esses estudiosos, os relacionamentos têm uma primeira fase chamada de *reconhecimento* ou *conscientização*, em que se estabelecem necessidades unilaterais, individuais. Por exemplo, uma empresa precisa de um fornecedor de um item porque o seu fornecedor tradicional teve um problema com greve de seus funcionários, quebra de equipamentos, falta de luz, enchentes em suas instalações, enfim, algo que tenha impedido que honrasse os seus compromissos. Então, a empresa sai à procura de outro fornecedor e pode usar critérios diversos, como a reputação no mercado, indicação de seus concorrentes ou conhecimento de seus funcionários.

Dada a situação, a empresa manterá o contato com o potencial fornecedor, procurará avaliar as condições de satisfazer as suas necessidades e fará um pedido experimental, mesmo porque ela precisa com urgência desse suprimento. É a chamada *fase de exploração*, quando a empresa passará especificação, fará inspeção, avaliará a conformidade em relação ao pedido, colocará suas práticas e regras. Havendo boas respostas, bons resultados, novos pedidos poderão ser colocados para esse fornecedor.

O bom desempenho coloca o fornecedor dentro da rede de fornecedores do cliente. É como um "credenciamento". O fornecedor passa a gozar de confiança e a receber pedidos frequentes e consultas sobre aumento dos lotes eventualmente, inclusive, sobre novos itens. É a fase da expansão, quando a relação passa a, efetivamente, operar, com aumento dos benefícios para os parceiros, ao mesmo tempo em que ocorre o crescimento efetivo de interdependência e do risco.

Na próxima etapa, o relacionamento está maduro, estável. É a fase do comprometimento. As partes reconhecem os ganhos do relacionamento e investem nele. Há fidelidade. São estabelecidos mecanismos contratuais e/ou sistemas de valores compartilhados que devem ajudar os atores a resolver conflitos e tornar a interdependência sustentável.

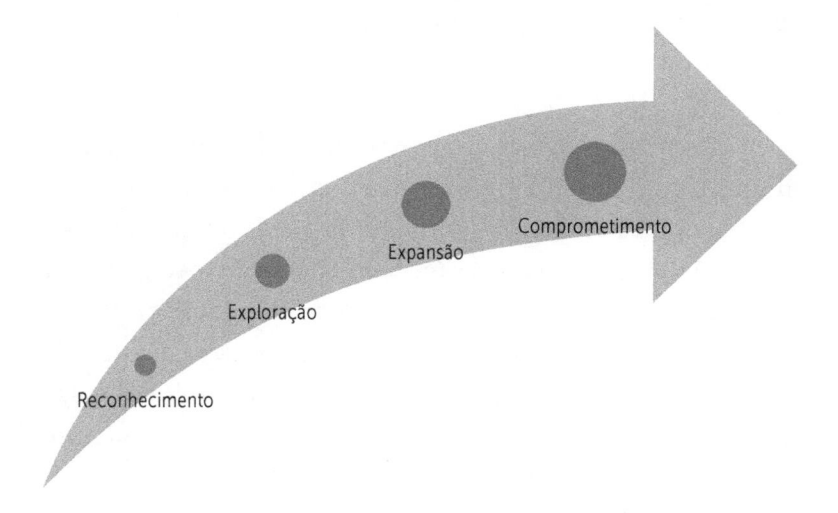

FIGURA 3.1 – MODELO DE INTERPRETAÇÃO DA EVOLUÇÃO DOS RELACIONAMENTOS

Reconhecimento → Exploração → Expansão → Comprometimento

Provavelmente, você deve estar pensando: Quanto tempo leva para atingir essa maturidade? Pense nos seus amigos. Como atingiram esse *status*? Quanto tempo levou? Alguns deles tornaram-se seus amigos com alguns encontros e outros levaram mais tempo para ganhar a sua confiança, não é mesmo? Não tem uma regra; o processo tende a ser seguido dessa forma, nessa sequência.

Nem todos os relacionamentos iniciados chegam ao final feliz – a parceria. Há rompimentos motivados por desempenho insatisfatório, desinteresse, insolvência ou outras razões que fazem com que haja a necessidade de se buscar novos fornecedores ou novos clientes. Por exemplo, a Takata é a maior fornecedora global de *airbags* para as montadoras, porém foram detectados problemas no funcionamento desses equipamentos, o que implicará o *recall* de cerca de 70 milhões de *airbags*. Falhas dessa natureza são típicas de situações de quebra de confiança que criam a necessidade de substituição de fornecedor. A Airbus também teve problemas para entregar as encomendas de suas aeronaves. As entregas do modelo

A320neo sofreram atrasos em razão de contratempos com seu fornecedor de turbinas Pratt & Whitney e do modelo A350, de assentos e portas de banheiros (Kowsmann; Wall, 2016).

3.1.1 COLABORAÇÃO NA REDE DE SUPRIMENTOS

Os relacionamentos em mais alto nível de comprometimento, ou mais sólidos, acontecem quando há mais proximidade entre os pares compradores-vendedores, favorecendo ações colaborativas. Nessa espécie refinada e especial de relacionamento, os interesses individuais são relevados parcialmente em favor do interesse coletivo, tendo por base os princípios da relativa segurança que a rede proporciona, pois a empresa sempre busca meios de sobreviver, já que entende que, assim, alcança resultados que sozinha não obteria.

Nessa perspectiva, a colaboração tem sido o vetor mais eficaz de obtenção dos aprimoramentos dos processos que, regra geral, são interorganizacionais e, dessa forma, devem ser gerenciados ao longo de toda a rede. Isso porque os processos são a forma como uma rede de suprimentos se efetiva, como as empresas se integram.

Colaboração não é um simples processo de terceirização. É uma integração efetiva numa rede de parceiros que compartilham os seus recursos para gerar mais valor e, obviamente, capturar os seus ganhos. É um novo **modelo de fazer negócio** – compartilhando recursos humanos, financeiros e técnicos (Daugherty, 2011).

Por exemplo, a chegada da Azul Linhas Aéreas ao Brasil foi marcada por um relacionamento colaborativo com seu fornecedor de aeronaves, a Embraer. A Azul tinha interesse em oferecer um serviço com o maior número possível de cidades atendidas. Mas não tinha o histórico das aeronaves da Embraer e, por isso, não era possível prever a necessidade de estoque de peças. São mais de 6 mil itens, alguns deles custando mais de 20 mil dólares cada.

Embraer e Azul colaboraram. A Embraer fez um estudo para a Azul disponibilizando peças de troca mais frequente em 11 pontos estratégicos e reteve em seu estoque as peças mais caras, com a promessa de que, se alguma aeronave apresentasse algum problema e precisasse de reposição, em quatro horas a peça estaria disponível no ponto para a troca.

A Embraer passou a ser a gestora de estoque de peças da Azul. A Azul teve significativas economias e a Embraer ganhou uma cliente fiel.

Estudos têm indicado que a base de uma rede colaborativa é o compartilhamento de informações, um dos fatores que influenciam tanto o desenvolvimento quanto a manutenção das relações presentes na rede de suprimentos, manifestando-se nas negociações e nas rotinas dos membros envolvidos. A propensão a compartilhar informações aumenta quando há o reconhecimento da dependência interorganizacional dentro de uma rede de suprimentos. A partir do momento em que as empresas reconheçam sua dependência do conjunto, existirá a possibilidade de se desenvolver relações colaborativas, possibilitando assim compartilhamento de informações sobre projetos, programação da produção, críticas e reclamações dos clientes, oportunidades detectadas no mercado e disposição para planejar de forma conjunta.

Por meio do compartilhamento de informações, os parceiros desenvolvem a confiança para imergir no relacionamento e atingir o comprometimento, estágio que antecede o relacionamento colaborativo. Confiança implica tornar-se vulnerável voluntariamente, justamente por confiar que o parceiro não irá lhe prejudicar ou tirar proveito em sabida situação de vulnerabilidade ou fragilidade. A confiança mútua leva à renúncia de comportamentos oportunistas e faz com que os membros da rede trabalhem de forma colaborativa, ou seja, os parceiros se dedicam para sustentar e promover os objetivos comuns.

Nesse contexto, a confiança é protagonista no desenvolvimento e na manutenção dos relacionamentos. Irônica e infelizmente, ao mesmo tempo em que a necessidade de se contar com a confiança e os benefícios advindos dela são claros, há extensa evidência de que a confiança está declinando em muitas (mas não todas) sociedades e dentro de muitas organizações. Em algum ponto em suas carreiras, muitos líderes podem danificar a confiança em alguns relacionamentos. Esses problemas se tornaram particularmente salientes nos últimos anos, fatos que tornam os indivíduos mais conscientes de violações ou ao menos mais vigilantes.

É importante você entender que a colaboração pode existir também entre concorrentes quando eles compartilham recursos, como VW e Hyundai, que se integram na *start-up* Aurora Innovation para o desenvolvimento do veículo sem motorista no Vale do Silício, Estados Unidos. O interesse de ambas as montadoras era apressar o desenvolvimento de carros sem motoristas para concorrer com Google e Tesla (Higgins, 2018). Há também notícias sobre empresas aéreas em projetos conjuntos para o desenvolvimento do biocombustível para a aviação, bem como é comum empresas compartilhando recursos financeiros para treinamento de pessoal ou participação em feiras de tecnologia. A colaboração também acontece no nível dito *horizontal*, com governos ou entidades de governança e apoio, como secretarias de governo e empresas – como é o caso do Serviço Brasileiro de Apoio às Micro e Pequenas Empresas (Sebrae) –, em treinamentos, projetos de interesse setorial e desenvolvimento de plataformas de apoio.

A colaboração é um tema emergente e um guia para os relacionamentos, por isso muitos estudiosos dedicam-se a entendê-la e a torná-la mais prática. Por exemplo, há muito tempo, Heide e Miner (1992) proporcionaram uma abordagem pragmática em relação à colaboração nos relacionamentos, traduzindo-a em quatro dimensões:

1. **Flexibilidade**: Grau de acomodação para atender às necessidades dos parceiros.
2. **Compartilhamento de informações**: Disponibilização de informações úteis aos demais membros da rede.
3. **Resolução conjunta de problemas**: Responsabilidade pela busca conjunta de solução para problemas.
4. **Restrição ao uso de poder**: Quando as partes evitam usar diferenciais de porte e dependência no relacionamento.

Dessa forma, dizemos que uma empresa está mais **propensa a colaborar**, quanto mais flexível for em relação às demandas apresentadas pelo seu parceiro, quanto mais compartilhar informações úteis ao planejamento e às ações conjuntas, quanto mais disposta estiver a dedicar-se a entender e solucionar os problemas e quanto menos usar o poder econômico, de informações ou de conhecimento no relacionamento.

Em suma, relacionamentos são baseados em poder ou confiança, segundo Chopra e Meindl (2004). Aqueles baseados em poder podem ser vantajosos no curto prazo, mas, no longo prazo, o lucro total da cadeia é reduzido e a concorrência entre os estágios pode aflorar, fruto da resistência ao abuso de poder do membro mais forte. Os relacionamentos baseados na confiança são, dessa forma, mais propensos a produzir resultados para a longevidade da rede.

3.2 SELEÇÃO E CLASSIFICAÇÃO DE MEMBROS DAS REDES DE SUPRIMENTOS

Mas, assim como não somos amigos de todos que conhecemos, as empresas não têm de colaborar com todos os seus parceiros. É preciso ser seletivo e colaborar com alguns dos parceiros da rede. Nem todos precisam dessa proximidade.

De fato, as empresas não têm de colaborar com todos os parceiros. Mas, então, com quais ela deve colaborar? Lembrando o modelo de desenvolvimento dos relacionamentos que vimos anteriormente, de Dwyer, Schurr e Oh (1987), em que consta a evolução em vários estágios, na verdade, percebemos que muitos relacionamentos nunca passam do primeiro estágio – das compras por cotação, mesmo que repetidas por muitos anos –, enquanto outros, que são poucos, atingem o estágio final. Por que alguns devem mesmo ficar nos estágios intermediários?

Essa é uma questão estratégica do relacionamento. Refere-se aos processos de relacionamentos interorganizacionais **gestão de relacionamentos com clientes** e **gestão de relacionamentos com fornecedores**, vistos no capítulo anterior, e diz repeito à seleção dos parceiros de acordo com critérios. De qualquer forma, a seleção exige a indicação dos esforços diferenciados que a empresa deve empreender, de acordo com a importância relativa dos parceiros na rede, sejam eles clientes, sejam fornecedores.

Uma maneira de selecionarmos o nível de dedicação que a empresa pode e deve dar ao parceiro pode depender do potencial de contribuição ao negócio e para a rede. Uma avaliação usando uma matriz para análise, em que se definem critérios esperados de captura de valor do fornecedor ou do cliente, favorece a definição do mapa dos parceiros, os seus papéis e o nível de dedicação ao relacionamento. Os critérios aplicáveis para compor os eixos da decisão estratégica da matriz devem estar de acordo com níveis de criticidade, como o impacto financeiro do fornecedor, a participação percentual do item no custo total e as dificuldades de encontrar outro fornecedor em igual nível de qualificação.

A Figura 3.2 ilustra uma matriz e alguns critérios potenciais, observe-a.

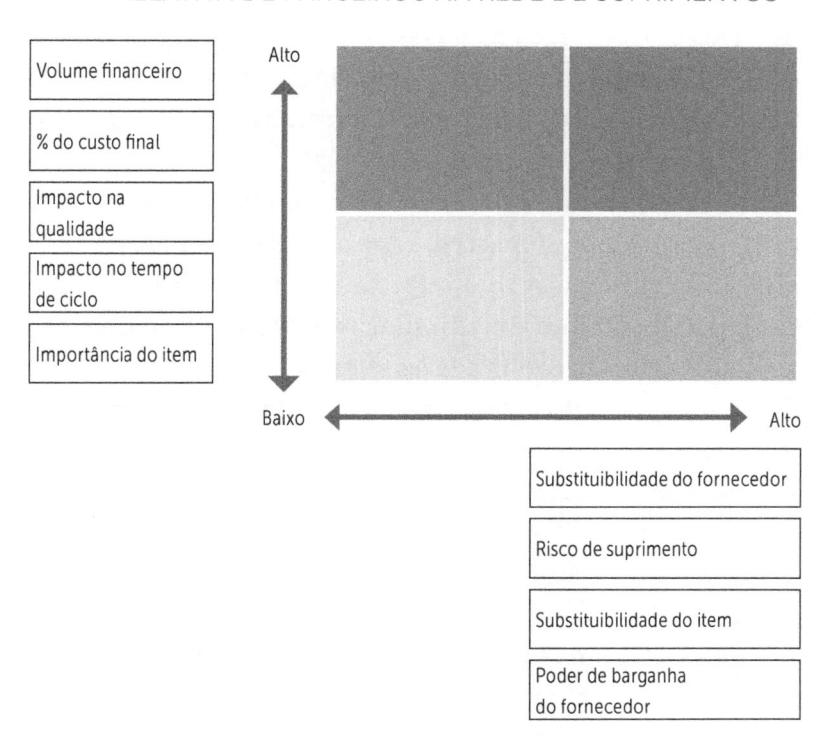

FIGURA 3.2 – CRITÉRIOS PARA A DEFINIÇÃO DA IMPORTÂNCIA RELATIVA DE PARCEIROS NA REDE DE SUPRIMENTOS

| Volume financeiro |
| % do custo final |
| Impacto na qualidade |
| Impacto no tempo de ciclo |
| Importância do item |

| Substituibilidade do fornecedor |
| Risco de suprimento |
| Substituibilidade do item |
| Poder de barganha do fornecedor |

Os relacionamentos alinham-se a essa contribuição, podendo variar de simples transações a complexos alinhamentos formalizados. No caso de relacionamento com fornecedores, a compra de *commodities*, por exemplo, tende a levar a relacionamentos simples, via **mercado**, enquanto a compra de produtos especializados, a serem obtidos de fontes restritas de fornecimento, que envolvem conhecimento especializado ou mesmo escassos, tende a levar a relacionamentos mais complexos.

A compra de itens simples por uma fábrica de geladeiras – por exemplo, parafusos ou embalagens – ou de material de escritório por uma empresa de prestação de serviços é um relacionamento típico do primeiro estágio e que não passa dele. Caracteriza-se por um comportamento antagônico, adversativo, baseado puramente em cotação e em preço de mercado, com pouco ou nenhum investimento na relação e sem compartilhamento de informações, exceto as informações contratuais necessárias para a realização das transações. O comprador explora a facilidade de obtenção do item, pela simplicidade de fabricação e, normalmente, pelo grande número de fornecedores possíveis.

Nesse tipo de relacionamento, os clientes cotam produtos com diversos fornecedores a cada necessidade de aquisição. Não se busca avaliar ou estabelecer, dessa forma, uma relação de confiança e credibilidade. Esses relacionamentos, tradicionais entre compradores e vendedores são caracterizados como sendo de **curto-prazo**, envolvendo contato mínimo, ou seja, quando conversam, falam quase que exclusivamente sobre preços e condições de pagamento. Virtualmente, todas as informações necessárias estão contidas no preço do produto objeto da transação. Em relacionamentos desse tipo, cada elemento age de forma isolada, buscando, de um lado, maximizar suas vantagens e reduzir seus próprios custos e, do outro, aumentar as receitas.

Eventualmente, quando detectado algum risco por pequeno número de fornecedores ou escassez de oferta, **contratos de médio prazo** podem ser adotados como garantia de suprimento. Esse é o caso, por exemplo, de laticínios que dependem de entrega diária de leite e da indústria de suco de frutas em relação aos produtos que precisam para que suas linhas de produção não sejam paralisadas por falta de matéria-prima, ou de uma prestadora de serviços que precisa da garantia da disponibilidade de um profissional por determinado período.

Quando a empresa se depara com fornecedor monopolista, no caso de uma siderúrgica em relação ao suprimento de minério por uma grande mineradora, por exemplo, o **contrato** deve ter duração de **longo prazo** para se conseguir ter horizonte confiável para os projetos, sem riscos de suprimentos. Nesse caso, a empresa reconhece sua **dependência** em relação ao fornecedor.

Em outras situações, a empresa avalia riscos ou barreiras ao suprimento no fluxo necessário às projeções futuras de itens de alta importância ou em oportunidades e necessidades de melhorias contínuas e estabelece **parcerias para o desenvolvimento**. Em cenários assim, as empresas podem decidir desenvolver fornecedores, dando-lhes estímulos financeiros na formação do capital social, emprestando corpo técnico e compartilhando recursos ou assumindo riscos.

Segundo Pilzak-Blonska et al. (2013), são ações colaborativas em que o cliente demonstra o conhecimento da importância estratégica do desenvolvimento da capacidade e da competência, alinhado aos efetivos mecanismos de governança e objetivos comuns. Os resultados são atingidos, segundo os autores, apenas quando há percepção efetiva da dedicação do cliente no sucesso do fornecedor, com ações bem equilibradas conforme os objetivos e as metas.

Por exemplo, a decisão da vinda da Fiat para o Brasil nos anos de 1970 estava amparada no acompanhamento de alguns de seus fornecedores locais na Itália e na não dependência dos fornecedores brasileiros vinculados às montadoras, àquela época localizadas em São Paulo. Em alguns casos, para motivar os fornecedores italianos a instalarem-se no Brasil, a Fiat tornou-se sócia do negócio local. A Nissan, também do setor automotivo, vendeu, em 2016, a sua participação em um fornecedor. Essa associação foi tradicional no setor automotivo oriental, pois foram registradas participações cruzadas em redes íntimas, chamadas *keiretsu*, um arranjo que permitiu uma cooperação estreita no desenvolvimento de novos modelos de veículos (McLain, 2016).

Voltando à questão que motivou todo esse desenvolvimento, queríamos saber a resposta para a pergunta colocada: Se as empresas não devem colaborar com todos os seus parceiros, então, com quais deve colaborar?

O primeiro grupo acabamos de definir: aqueles fornecedores com os quais a empresa deve desenvolver parcerias para o desenvolvimento. O segundo grupo é composto dos fornecedores estratégicos, com os quais a colaboração em nível mais sólido e aprofundado é necessária para se obter os ganhos mútuos da relação. Nesse grupo, os relacionamentos podem ocorrer na forma de integração vertical, *joint ventures* e parcerias estratégicas.

Integração vertical configura-se como um tipo de relacionamento estabelecido para itens estratégicos e cujo custo de troca de fornecedor é muito alto. A empresa faz a incorporação, geralmente via fusão, aquisição ou participação no capital social. Por exemplo, segundo Shevlin, Mickle e Zhang (2018), a Apple está assumindo um controle mais direto de um importante segmento de sua rede de suprimentos. A gigante da eletrônica está incorporando mais de 300 engenheiros de um de seus principais fornecedores, a Dialog Semiconductor PLC, da Europa. A Apple também assumirá o controle de algumas instalações da Dialog na Europa como parte do acordo.

Joint venture é um tipo de relacionamento em que fornecedor e cliente se associam para um empreendimento no qual há compartilhamento de custos e benefícios. Essa parceria, geralmente, é concretizada pela criação de uma nova empresa. **Parcerias estratégicas** são os relacionamentos clássicos cliente-fornecedor com alto grau de comprometimento entre as partes envolvidas e os contratos são de difícil elaboração para todas as relações que estabelecem.

A Figura 3.3 ilustra a configuração dos relacionamentos e sua tipificação em termos estratégicos. A colaboração mais aprofundada deve acontecer no quadrante *estratégico*, porém pode ser estabelecida também temporariamente, conforme condições do quadrante *risco* e, formalmente, via contrato, no quadrante *dependência*.

FIGURA 3.3 – TIPOLOGIA DOS RELACIONAMENTOS

Alto

Risco
- Parcerias para o desenvolvimento

Estratégico
- Integração
- *Joint venture*
- Parceria estratégica

Mercado
- Mercado puro
- Contratos de médio prazo

Dependência
- Contratos de longo prazo

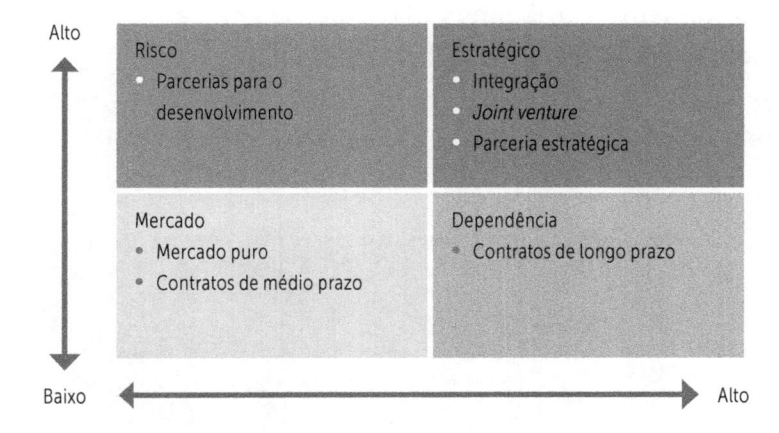

Baixo ←——————→ Alto

Fonte: Elaborado com base em Spekman et al., 1998.

Tendo por base essa tipologia, Spekman et al. (1998) prescrevem mecanismos de govenança típicos para os relacionamentos (Figura 3.4). Para itens simples, relações transacionais, compras por cotação e uso do **mercado** servem como indicadores do melhor fornecedor pois o preço é o que se quer do fornecedor. Para situações de dificuldades em se encontrar fornecedores, o melhor é usar **contratos de longo prazo**. Porém, existem situações em que são exigidas maior proximidade. Isso acontece quanto é detectada a necessidade de melhoria contínua para itens de alta importância ou oportunidades e necessidades de melhorias contínuas. Nessas situações, o cliente precisa **coordenar** as ações com os fornecedores por meio da utilização de ferramenta da tecnologia da informação e estimular o compartilhamento de informações para algumas ações de planejamento conjunto, principalmente visando à redução de estoques na rede.

Outra situação que exige maior proximidade é aquela que envolve os **relacionamentos colaborativos** entre clientes e seus fornecedores de itens estratégicos. O cliente deverá estar em relacionamentos baseados na confiança e no comprometimento para capturar os benefícios da relação. Os parceiros deverão colaborar, integrando os seus processos, planejando conjuntamente e utilizando plataformas e ferramentas da tecnologia da informação (TI).

FIGURA 3.4 – MECANISMOS DE GOVERNANÇA CONFORME A TIPOLOGIA DOS RELACIONAMENTOS

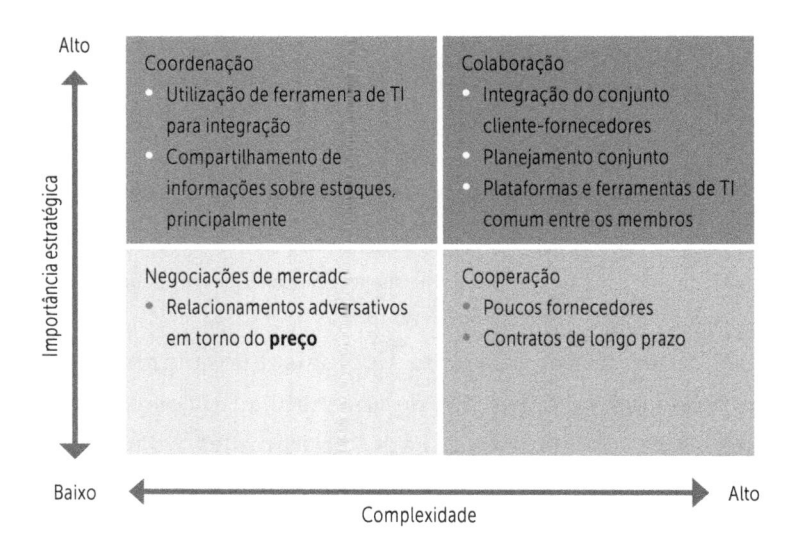

	Complexidade Baixo	Complexidade Alto
Importância estratégica Alto	**Coordenação** • Utilização de ferramenta de TI para integração • Compartilhamento de informações sobre estoques, principalmente	**Colaboração** • Integração do conjunto cliente-fornecedores • Planejamento conjunto • Plataformas e ferramentas de TI comum entre os membros
Importância estratégica Baixo	**Negociações de mercado** • Relacionamentos adversativos em torno do **preço**	**Cooperação** • Poucos fornecedores • Contratos de longo prazo

Fonte: Elaborado com base em Spekman et al, 1998.

3.4 GOVERNANÇA E COORDENAÇÃO NAS REDES DE SUPRIMENTOS

A governança em um contexto de rede de suprimentos refere-se a um conjunto de instrumentos de coordenação utilizados para introduzir ordem em relações de interdependência entre atores – clientes e fornecedores –, nas quais conflitos potenciais podem ameaçar interromper ou impedir oportunidades para obtenção de ganhos conjuntos. O termo *governança* quer dizer que algumas empresas na rede estabelecem, e/ou reforçam, os parâmetros sob os quais outros da rede irão operar, como os processos e as responsabilidades, os custos, as contribuições e as margens de cada um, bem como o padrão tecnológico a ser adotado. Uma rede sem governança é apenas uma série de relações de mercado.

A governança é, então, o conjunto de regras que assegura a ordem entre os membros da rede, afetando o comportamento destes nas transações e a estabilidade dos relacionamentos entre eles. Confiança, poder de barganha e contratos são três importantes elementos que moldam a governança dos relacionamentos interorganizacionais e reduzem os seus riscos e suas incertezas.

O objetivo essencial da governança é garantir a coordenação da rede, isto é, o alcance do alinhamento dos parceiros aos objetivos traçados para fins de competitividade. Porém, nem sempre há sucesso no alcance da governança e, consequentemente, da coordenação.

Às vezes, os mecanismos de governança, mercado, contratos ou parcerias, podem ser usados de forma indevida. Outras vezes, estágios ou membros das redes de suprimentos trabalham com estratégias diferentes. Muitas vezes, também, a falta de circulação e compartilhamento de informações adequadas, precisas e atualizadas causa transtorno à rede. O resultado é seu desalinhamento, ao invés do almejado alinhamento.

Coleman-Lochner e Townsend (2017) relatam que a falência, em 2017, da tradicional cadeia de varejo de brinquedos americana Toys 'R' Us, que controlava 13,6% do mercado de brinquedos dos Estados Unidos em 2016, ou quase 1,7 bilhão de dólares em vendas, deixou os fabricantes (principalmente, Hasbro e Mattel) sem visibilidade do mercado, produtos em estoque no varejo físico não tradicional (Walmart e Target) e comércio eletrônico com expectativas de ocupar fatias importantes do mercado.

A Boeing e a Airbus também foram vítimas de desalinhamentos em suas cadeias ao conseguirem atingir produção recorde em suas unidades de produção fabris, mas não conseguiram realizar todas as entregas previstas para 2018 por falta de algumas peças nas aeronaves (Cameron; Wall, 2019).

Curioso, não? Trata-se de um problema de falta de coordenação.

Por exemplo, Mickle (2016) relata que a indústria americana de cerveja artesanal tem experimentado a proliferação de pequenas cervejarias, o que tem causado escassez de lúpulos especializados em quantidade suficiente, contribuindo para uma queda de suas próprias vendas.

ESTUDO DE CASO 1
ROCKWELL COLLINS, FORNECEDOR DA BOEING, RECLAMA PUBLICAMENTE DE INADIMPLÊNCIA

Numa situação rara no mercado, um desentendimento público expôs dois dos maiores colaboradores da indústria aeroespacial, a Boeing, a maior fabricante de aviões do mundo, e a Rockwell Collins, o seu fornecedor de eletrônicos aeroespaciais. A Rockwell reclama publicamente dívidas de quase 40 milhões de dólares, segundo Kelly Ortberg, executivo-chefe da empresa.

Segundo o diretor financeiro da Rockwell, Patrick Allen, a dívida realmente existe e é um "processo de ajustar as condições de pagamento de fornecedores". A Boeing está mudando a frequência com que paga suas contas para fornecedores a fim de alinhar com o que descreve como normas da indústria. A porta-voz disse que a empresa "vai manter todos os contratos firmados com seus fornecedores".

A Boeing, há muito tempo, tem a reputação entre os fornecedores de fazer o pagamento mais eficiente e pontual, de acordo com funcionários da indústria. O fluxo de caixa da Boeing é uma das métricas mais importantes, conforme analistas e investidores. "Isso é anormal para a história", disse Ortberg. "Espero que seja apenas um ligeiro desvio".

A Rockwell fornece para a Boeing painéis de *cockpit* e outros eletrônicos, e o relacionamento entre a Boeing e a Rockwell é considerado um modelo de colaboração para a redução de custos por ambas as empresas. Como parte dessa colaboração, a Rockwell aumentou continuamente a quantidade de produtos eletrônicos que fornece em todas os mais recentes aviões da Boeing e alguns caças em troca de descontos por volume para as peças que fornece.

Fonte: Elaborado com base em Ostrower, 2016.

| **Como você analisaria esta situação?**

A Creature Comforts Brewing está crescendo tão rápido que sua rede de suprimentos não consegue acompanhá-la. A cervejaria tem tido tanta dificuldade em encontrar um tipo especial de lúpulo, chamado *citra*, que foi forçada a rejeitar encomendas de cerca de 8 mil barris de cerveja durante o ano. Isso representou perdas de mais de 2 milhões de dólares em receita, o que representaria quase o dobro de produção (Mickle, 2016).

Pois é, você deve entender que, quando não há uma empresa-líder na cadeia, ou quando esta não cumpre bem sua função de integrar os parceiros, haverá falhas de comunicação entre os elos. Nesse caso, há falta de coordenação com os produtores rurais, que não conseguem obter as informações de tendências e não podem antecipar-se às encomendas. Os produtores dos lúpulos não têm a visão do mercado de cerveja artesanal, então, não conseguem responder adequadamente.

3.5 DESESTÍMULOS AO ALINHAMENTO DA REDE E O EFEITO CHICOTE

O grande desafio de uma rede de suprimentos talvez possa ser resumido à obtenção do alinhamento entre a demanda e a oferta em todos os níveis. Nesse caso, o nível de estoque ou o capital parado em estoque passa a ser um indicador de desempenho da rede. Pensar dessa forma é uma boa maneira de você ter a dimensão da dificuldade de se obter sucesso na coordenação da rede, pois, como já abordamos anteriormente, estratégias diferentes e informações não compartilhadas, distorcidas e/ou desatualizadas entre os membros da rede já bastam para dificultar seu sucesso.

O dilema persiste: os pedidos precisam ser atendidos no prazo e com estoque mínimo. Como reduzir estoques e não perder vendas ou atrasar entregas? Na verdade, podemos nos deparar, muitas vezes, com redes que encaram situações de falta de produtos num elo – por exemplo, no varejo – e excesso nas fábricas, ou algo similar. Essa é a situação mais comum;

é o dia a dia de uma rede que precisa ser administrado. Uma grande empresa – a Procter & Gamble – logo acenou que sofria desse mal. Os pedidos de fraldas que a fabricante recebia dos distribuidores era muito superior à demanda do produto no varejo. Era comum haver falta de produtos para entrega na fábrica enquanto o varejo estava com estoques muito altos.

Procurando ir para além das generalidades, estudiosos do tema criaram uma tipologia para classificar as dificuldades que podem surgir na efetiva coordenação de uma rede de suprimentos, isto é, a obtenção do alinhamento dos membros de uma rede em torno de objetivos comuns. Segundo Chopra e Meindl (2004), podemos entender as dificuldades como oriundas de cinco fontes, como ilustra a Figura 3.5.

Há os chamados **obstáculos de incentivos**, que são aqueles originados em atitudes isoladas de membros ou de elos. Isso pode acontecer quando um distribuidor estabelece meta de vendas aos seus vendedores, quando oferece desconto do frete de acordo com os maiores lotes de compras pelo varejo, ou quando o varejo acirra a concorrência e faz uma "guerra de preços". Em qualquer uma dessas situações, haverá um acréscimo incomum nas vendas que precisa ser captado adequadamente pelos demais membros da rede para que não trabalhem com uma perspectiva falsa de que o setor esteja experimentando um crescimento acima das expectativas anteriores.

FIGURA 3.5 – OBSTÁCULOS PARA OBTENÇÃO DO ALINHAMENTO EM REDES DE SUPRIMENTOS

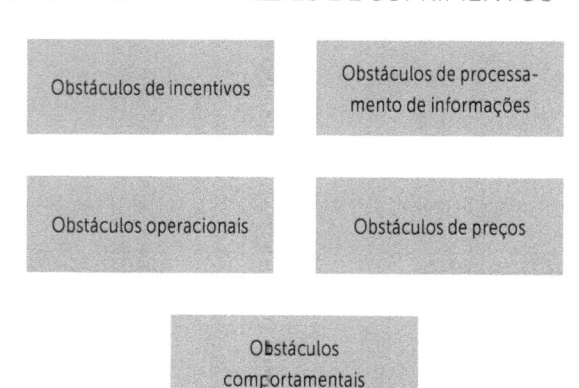

- Obstáculos de incentivos
- Obstáculos de processamento de informações
- Obstáculos operacionais
- Obstáculos de preços
- Obstáculos comportamentais

A existência de **obstáculos à circulação das informações** também é bastante prejudicial à coordenação e à obtenção do alinhamento da rede. Sem informação, cada membro tenta adivinhar a demanda. Dessa forma, a falta de compartilhamento de informações bloqueia a previsão, e esta, mesmo que aconteça com informações compartilhadas, precisa de acurácia.

Nem mesmo as melhores informações eliminam chance de erros nas previsões. As informações utilizadas podem ser as mais atualizadas ou aquelas da demanda final agregada, mas a melhor informação é aquela que vem dos efetivos pontos de consumo e que estão ocorrendo, exatamente, no momento, aquelas *on-line*. Isso se consegue com integração e colaboração na rede, aliadas ao uso dos melhores métodos e técnicas.

Obstáculos operacionais também dificultam o alinhamento e a coordenação. Situações em que o vendedor força a venda de grandes lotes ou que o comprador estabelece períodos de compra, normalmente nos últimos dias do mês, dificultam o planejamento da rede, pois, no primeiro caso, formam estoques que acarretarão períodos futuros sem vendas dos seus fornecedores, ou, no segundo caso, reduzem os prazos totais de produção e entregas. Quando também há dificuldades no ressuprimento por prazos longos, seja por componentes importados (por exemplo, resinas importadas para fabricação de óculos), seja por processos lentos de produção (por exemplo, maturação de queijo), o planejamento da rede também é afetado pela dificuldade de antevisão das variações da demanda e de resposta imediata.

O desalinhamento entre a demanda e a oferta da rede também cria dificuldades para reação às situações de racionamento e escassez. Se um membro da rede, por exemplo, um varejista, considera que irá faltar produtos, é muito provável que ele irá aumentar a quantidade pedida procurando garantir suas vendas e seu faturamento. Ele age dessa forma porque entende que não será atendido, graças a um possível racionamento ou a cotas de atendimento. Caso o distribuidor atenda o pedido maior e, também, repasse pedido maior para o fabricante, essa rede começará a trabalhar com informações erradas que provocarão estoques no período futuro imediato.

Nesse caso, a transparência da real situação do mercado, da demanda final, da produção e dos estoques pode tranquilizar os membros e inibir ou reduzir ações especulativas. Muitas vezes, os contratos como mecanismos de governança são tranquilizadores para os agentes se planejarem em melhores condições.

Os **obstáculos de preços** reproduzem parcialmente situações colocadas anteriormente. São situações em que os vendedores forçam os descontos por quantidade para aumentarem momentaneamente as vendas, dando descontos no preço, no frete e créditos de outras modalidades. De qualquer forma, todo aumento momentâneo do lote de vendas diminui a frequência de vendas futura e prejudica a visualização da real demanda do membro que faz a promoção e dos demais parceiros na rede.

Obstáculos comportamentais também ocorrem e referem-se às ações individuais (locais) e à falta de visão sistêmica dos parceiros nas redes. Estes podem estar participando por questão de oportunismo ou visualizar algum ganho individual imediato. Quando é chamado a resolver problemas comuns ou a ser flexível em relação a demandas de parceiros, membros com essa característica mostram o seu lado não cooperativo e não colaborativo. Esses comportamentos são perversos ao desempenho da rede, pois quebram a confiança mútua, restringem o compartilhamento das informações e inibem o planejamento conjunto. É preciso perspicácia e boa gestão da empresa líder para identificar comportamentos não alinhados aos interesses da rede e buscar substitutos.

Desalinhamentos que provocam excessos e faltas de produtos nas redes de suprimentos são conhecidos como ***efeito chicote***, ou *efeito Forrester*. Essa falta de sincronia numa rede de suprimentos já é estudada desde os anos de 1950 e busca conhecer as forças e os fatores que modelam o comportamento das empresas e suas interações com os membros de sua rede de forma a reduzir suas motivações e seus efeitos.

A alusão ao chicote diz respeito às ondas propagadoras, como ilustra a Figura 3.6. A ideia é a de que as compras dos consumidores finais são mais regulares, por isso as ondas são menores. Quanto mais se afastam da ponta, ou seja, da demanda final, maiores são as ondas. Ou seja, o varejo faz compras com os atacadistas em períodos maiores, digamos, quinzenais. Os atacadistas, por sua vez, fazem encomendas a cada 60 dias aos fabricantes. Os fabricantes colocam pedidos para os seus fornecedores a cada 90 dias.

Como os prazos de colocação de pedidos não coincidem, e se não houver informação sobre a evolução das vendas finais, do varejo ao consumidor final, os membros da cadeia vão procurar "estimar", adivinhar, intuir, sobre a demanda futura. E, nesse caso, podem errar para mais, causando a acumulação de estoques; ou errar para menos, acarretando perda de vendas. Acertos são muito raros e não se repetem facilmente.

FIGURA 3.6 – EFEITO CHICOTE E SUA PROPAGAÇÃO NAS REDES DE SUPRIMENTOS

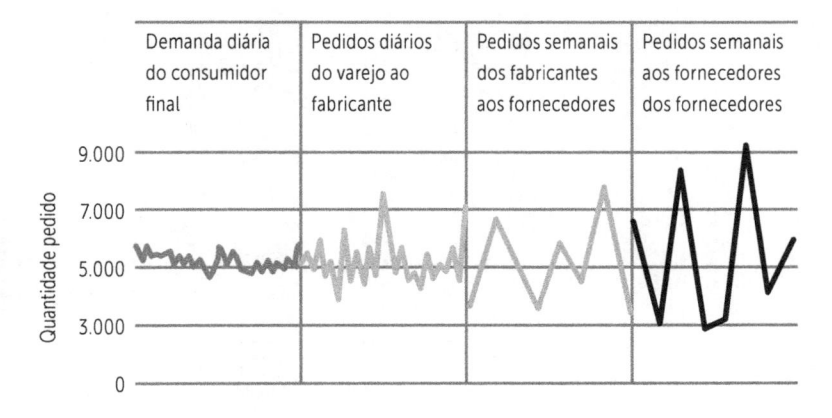

Os impactos para a rede podem ser apurados de diversas formas. As situações de falta e de excesso podem levar as empresas a investirem orientadas pela demanda máxima, expandindo a capacidade de produção, aumentando a formação de estoque, e, consequentemente, elevando os custos do produto. Os custos do produto também tenderão a subir com o aumento dos custos de armazenagem, caso a estratégia seja o aumento da formação de estoques, pois mais armazéns e serviços de armazenagem serão requeridos. Serão necessários mais pessoas, equipamentos e instrumentos para controle, movimento e estruturas de armazenagem, porém o prazo de atendimento dos pedidos fica prejudicado se a demanda não for razoavelmente prevista. Nessas circunstâncias, os custos com transporte aumentam, pois mais transporte emergencial precisará ser contratado. Muitas vezes, poderão faltar produtos na fábrica para atender ao distribuidor, no distribuidor para atender ao varejo e, no varejo, para atender ao cliente final. Além dos custos mais elevados – e, provavelmente, preços mais altos –, a falta de produtos é uma situação muito perigosa no ambiente da competição! Para a rede, os conflitos afloram e a confiança fica abalada. O Quadro 3.1 resume as principais repercussões do efeito chicote. Observe.

QUADRO 3.1 – IMPACTOS DO EFEITO CHICOTE NAS EMPRESAS E NA REDE

Desempenho	Ação	Impacto
Custos totais	Investe mais em capacidade produtiva ou em estoque.	Aumentam
Custos de armazenagem	Com maior nível de estoque, há necessidade de mais espaço físico.	Aumentam
Lead times	Demanda mais imprevisível torna mais difícil programar produção e compras.	Aumentam
Custos de transporte	Sem previsão acurada de demanda, ocorre mais contratação de transporte de emergência ou frota ociosa.	Aumentam
Disponibilidade de produto	Com a dificuldade de executar planos de produção, muitos pedidos não são atendidos nos prazos acordados.	Diminui
Relacionamentos	Transferência de culpa e perda de confiança.	Pioram

Fonte: Elaborado com base em Chopra e Meindl, 2004.

ESTUDO DE CASO 2
FALÊNCIA DE FORNECEDOR PARALISA PRODUÇÃO DA GM

A General Motors Co. vinha convivendo com situações de paralisação e risco de aprofundamento de atrasos nas entregas em razão de disputas judiciais com o fornecedor de peças Clark-Cutler-McDermott (CCM) Co.

A CCM produzia 175 diferentes peças para a GM e era o único fornecedor, da unidade de Detroit, de certos itens de interior e de isolamento acústico. A empresa recebeu aprovação judicial para encerrar o contrato com a GM e vender suas operações. Era uma empresa com 115 anos de operação e foi o "Fornecedor do Ano" por quatro vezes nos últimos sete anos que antecederam a crise.

O caminho da falência, segundo a empresa, foi aberto em 2013, quando a empresa absorveu perdas de 12 milhões de dólares. A empresa pediu falência alegando que perdia 30.000 dólares por dia em razão do contrato com a GM. Houve tentativas de demonstrar os custos crescentes, mas essa situação não foi reconhecida pela GM.

Em tribunal, a GM disse que as falhas de fornecimento causadas pela falência da CCM, a recusa na entrega de peças e falta de estoque causaram problemas em 19 plantas da GM nos Estados Unidos e custaram milhões de dólares. "A GM precisará rever a produção de todas as suas unidades norte-americanas e sofrerá um imenso e imediato prejuízo econômico de dezenas de milhões de dólares", disse o advogado da GM. "A GM também sofrerá uma incomensurável e irreparável perda em sua reputação, adicionalmente a uma significativa ruptura na rede de suprimentos".

É comum que a GM e outras montadoras tenham o direito contratual de comprar os equipamentos e estoques dos seus fornecedores utilizados na produção das peças para os seus carros. Porém, em situação de falência, essa negociação pode ser bloqueada por interesse do falido. Nesse caso, a CCM esperava que a falência rompesse seus vínculos com a GM e, assim, pudesse vender seu negócio, mas a GM requereu, na Corte, o direito a certas partes do negócio da CCM.

Essa é uma situação em que ambas as partes emergiram no relacionamento. Por exemplo, a CCM, que produzia 175 peças para a GM, não diversificou seus negócios e dependia da GM em mais de 80% de seu faturamento. Embora seja o único fornecedor de certos componentes interiores, a CCM, como outros pequenos fornecedores, luta para manter-se ou lucrar com o ritmo de produção alucinante que a GM e outras impõem, operando acima de sua capacidade ótima de produção, o que, na verdade, custa mais dinheiro à empresa.

Tendo reduzida a sua base de fornecimento, a GM tem menos opções para a produção de componentes críticos. Sob pressão para reduzir ainda mas os custos, a montadora luta para não passar cortes de preços aos seus fornecedores.

Com menos fornecedores e o aumento na dependência da produção no sistema *just in time*, mesmo as falhas de fornecedores de menor porte, como CCM, trazem consequências que têm profundos impactos financeiros.

Fonte: Elaborado com base em Gleason, 2016.

ESTUDO DE CASO 3
WALMART E P&G: MUITA HISTÓRIA E MUITOS NEGÓCIOS POR SI SÓ NÃO SEGURAM OS RELACIONAMENTOS

Em 2015, uma grande mudança no mundo dos negócios estava no ar. Executivos da Procter & Gamble Co., fornecedor do detergente campeão de vendas há décadas do Walmart, seu maior parceiro, viu nas gôndolas vizinhas um competidor europeu de peso, Persil, produzido pela Germany's Henkel AG. Foi um duro golpe no relacionamento. Estava se iniciando um conflito entre gôndola de maior valor do varejo contra a gigante da produção de produtos de consumo doméstico.

Walmart, o maior varejista do mundo, e P&G, o maior na produção de bens de consumo doméstico, estão batendo de frente ao tentar tirar mais receita nas negociações entre si num momento em que os negócios não estão crescendo a um ritmo satisfatório. Seus esforços, que são, às vezes, à custa da perda do outro, sobrecarregam uma parceria que foi lucrativa para ambos os lados, o que é o fundamento de um negócio. Ambas as empresas estão, agora, sendo lideradas por novos executivos-chefe, que, sob pressão de investidores, estão confiando que a gestão mais agressiva irá superar a outra.

Apesar das vendas do Walmart crescerem perto de 1% no primeiro semestre de 2016, o faturamento anual da empresa caiu em 2015, pela primeira vez desde que passou a ser publicado em 1970. O Walmart também fechou 154 lojas nos Estados Unidos. A P&G, por sua vez, não criou um produto de sucesso com 1 bilhão de dólares de vendas anuais desde 2005. As vendas continuam estagnadas desde a recessão, atingindo 70,7 bilhões de dólares em 2015, e a empresa cortou mais de 20.000 empregos desde 2012.

No Walmart, muitas marcas líderes de produtos de consumo estão sendo ofuscadas por itens que são mais novos ou mais baratos.

Os gigantes expandiram-se juntos, tendo havido um apoio mútuo para venderem, diariamente, paletes de artigos, como detergente e fraldas nas grandes lojas do Walmart, que se multiplicavam rapidamente. Somente em 2015, a P&G vendeu cerca de 10 bilhões de dólares em mercadorias por meio do Walmart. A simbiose tornou-se tensa com o crescimento das compras *on-line* e as preferências dos consumidores por produtos concorrentes e mais baratos do que os ícones da P&G.

O Walmart está gastando bilhões em *e-commerce* e com maiores salários de funcionários da loja. Ao mesmo tempo, está pressionando fornecedores para reduzir o preço dos produtos de sucesso, bem como também tenta manter a paz com Amazon.com Inc. e redes de desconto. A turbulência levou o Walmart a fechar lojas, reduzir estoques e chamar fornecedores para negociar concessões, incluindo a P&G.

Mas a P&G também tinha feito a sua "traição". Dois anos antes, a cadeia de descontos alemã Aldi começou a reduzir os preços dos aromatizadores de ambiente da P&G Febreze, que representam cerca de um quarto das vendas de todos os produtos similares nas lojas do Walmart. A Aldi atingiu o Walmart onde dói, comendo seus lucros para roubar fatias de mercado num segmento dominado por este último. Produtos domésticos vendem bem em seu núcleo de clientes de baixa renda.

Finalmente, houve acordo e a P&G voltou atrás, fez concessões que tornaram possível para o Walmart oferecer o produto por até U$ 0,27 a menos por unidade. Aldi e Walmart, agora, geralmente, vendem o produto ao mesmo preço nos EUA.

Walmart e P&G têm sido apontadas como um modelo de como duas empresas com objetivos muitas vezes opostos podem crescer juntas. A P&G abriu um escritório perto da sede do Walmart em Arkansas em 1987, um movimento que impulsionou milhares de outros fornecedores para estabelecerem-se no quintal do varejista, onde eles poderiam planejar lançamentos de produtos e compartilhar dados de comportamento do consumidor. As duas empresas se uniram para colocar em prática o tão sonhado modelo da P&G: convencer os compradores de classe média a pagar mais por produtos que eles nem sabiam que precisavam.

Quando a P&G, em 2001, introduziu o *kit* caseiro para clareamento de dentes Crest Whitestrips a 40 dólares, ela fez com que Walmart reconfigurasse o corredor de creme dental para mostrar o produto e apoiar o seu preço anormalmente elevado. A P&G teve espaço valioso para exposições de material e pequenos espelhos. Como resultado, os clientes puderam verificar a cor dos seus dentes, sutilmente fazendo da comercialização do Whitestrips a venda de produto de beleza, e não um remédio.

A maioria dos fornecedores do Walmart tem um contrato que rege os acordos com eles, estabelecendo condições para janelas de pagamento e taxas para transportar mercadorias por meio de armazéns da Walmart. Mas esse acordo não vale para a P&G.

A gigante, com sede em Cincinnati, é um dos fornecedores que operam em condições mais informais, usando *e-mails* e apertos de mão para resolver questões particulares, dizem pessoas familiarizadas com o relacionamento.

Os alto executivos da P&G e do Walmart têm um relacionamento muito íntimo. No início de 2000, os chefes das empresas, por vezes, ficavam uns nas casas dos outros quando se deslocavam para reuniões, de acordo com a ex-administradores de ambas as empresas. Em tempos difíceis, disse um desses gerentes do Walmart, pode parecer que os dois titãs estão em "um mau casamento", que "ficaram juntos por causa das crianças".

Fonte: Elaborado com base em Nassauer; Terlep, 2016.

SÍNTESE

A essência das redes de suprimentos está nos relacionamentos que são estabelecidos, desde a escolha dos parceiros até a forma de gerenciá-los. Isso implica novas competências, diferentes daquelas comerciais tradicionais. Ao mesmo tempo, a necessidade de colaboração para a melhoria do desempenho leva a um dilema: Como confiar, colaborar e investir em relacionamentos de longo prazo se percebemos cada vez mais ações oportunistas e um mundo cada vez mais egoísta?

Embora se tenha conhecimento dos benefícios de se concorrer em redes e dos mecanismos para se obter o melhor alinhamento dos parceiros em direção a objetivos comuns, o alinhamento não pode ser considerado uma situação natural e trivial numa rede de suprimentos. A assimetria de informações e os interesses divergentes dos pares clientes-fornecedores que muitas vezes florescem em diversas situações podem criar rompimentos que tiram a rede do rumo do alinhamento entre a demanda e a capacidade da rede em atender às oportunidades do mercado.

4

REDES DE SUPRIMENTOS E LOGÍSTICA

CONTEÚDOS DO CAPÍTULO:

- Os papéis da logística nas estratégias das redes de suprimentos.
- O planejamento da logística para a geração de valor às redes.

APÓS O ESTUDO DESTE CAPÍTULO, VOCÊ SERÁ CAPAZ DE:

1. compreender o papel da logística nas redes de suprimentos;
2. avaliar contribuições da logística na geração de vantagens competitivas para redes de suprimentos;
3. identificar a forma como a logística integra os membros das redes de suprimentos;
4. desenvolver o planejamento da logística para maximizar resultados de relacionamentos.

4.1 AS MUDANÇAS NA FORMA DE COMPETIR E O PAPEL DA LOGÍSTICA

Logística, talvez, seja um dos termos mais usados e menos dominado no mundo dos negócios. Numa experiência recente com um grupo de empresários, menos da metade disse entender bem o que significa e como aplicar estratégias logísticas para desenvolver vantagens do seu negócio ante os concorrentes.

Muito do que se pensa e se diz sobre logística restringe-se às atividades do transporte na logística, ainda que limitadas. Mas vendas perdidas por falta de produtos ou por falta de competitividade dos produtos que se têm também são fatores da logística. Essas são formas mais abrangentes de se pensar nas contribuições convencionais da logística aos resultados dos negócios.

Bem, primeiramente, a logística tem como principal objetivo a disponibilização de itens. Nesse caso, as lojas que você visita para procurar um calçado que lhe agrade precisam elaborar planos de compras para disponibilizar modelos de calçados de acordo com tendências e seu público-alvo. Esses planos precisam trabalhar com informações de fornecedores possíveis e de demanda provável. Daí em diante, as lojas farão suas compras, contratarão serviços de transporte, formarão estoques, armazenarão produtos que, eventualmente, serão movimentados entre filiais, tudo isso para esperá-lo.

Você já fez uma compra pela internet? Com certeza, já fez. Pare um pouco e reflita: Quais os diferenciais entre uma venda *on-line* realizada por uma empresa e outra que tenha loja física, aquela com endereço, localização conhecida e tudo mais? É intrigante, não é mesmo?

Por que será que algumas lojas que vendem pela internet conseguem entregar com prazos menores? Ah, porque têm melhor **logística**! Em que um negócio pode se diferenciar de outro e conseguir sempre entregar em prazos mais curtos, vendendo ao mesmo preço?

Logística, então, é um conjunto de processos que se preocupa em disponibilizar produtos e/ou serviços da maneira mais conveniente para o cliente.

Logística é serviço ao cliente!

Os militares nos ensinaram a pensar a logística como uma forma diferenciada de competir. No meio militar, a logística significa a compreensão do **planejamento e da implementação de estratégias** para vencer o inimigo, inovando em formas de dispor os exércitos e seus suprimentos, conjugadas com **operações de suporte** de provisão aos exércitos de armamentos, de munições, de materiais, de pessoal e de alimentos e com o avanço das instalações.

No meio empresarial, até a Segunda Guerra Mundial, no início dos anos de 1940, a logística era vista apenas como uma área operacional. Era aquela área que tinha de fazer o que estava estabelecido. "Vendido. Dá um jeito de entregar". Nos últimos tempos, a logística participa das estratégias do negócio, decidindo, inclusive, para quem (clientes e regiões) vender e, depois, como entregar o "valor" ao cliente.

Muitas vezes, somos assolados por ondas de novidades. Algumas ficam e outras passam sem deixar vestígios. Nunca se falou tanto em logística nos negócios. Será que é uma moda ou a forma de fazer negócio mudou e a logística ganhou um papel realmente estratégico no mundo dos negócios?

No ambiente de negócios que temos experimentado, empresas desejam os seus produtos em qualquer ponto de venda para maximizar o faturamento. Podemos comprar remédios, pneus e óleos lubrificantes de veículos em supermercado, e comida em posto de gasolina. Ao mesmo tempo, o mercado está cada vez mais segmentado e as empresas procuram informações dos consumidores para explorar melhor as características do público.

Nesse ambiente, a complexidade impera: a previsão da demanda é mais difícil, as decisões sobre produção exigem mais rigor e o atendimento a novos pedidos exige mais rapidez. A formação de parcerias e das redes de suprimentos é um passo. Mas esses passos se unem e, de fato, a rede passa a existir e alcança os resultados planejados quando sua logística funciona. Para isso, exige-se profissionalização da logística, o que tem feito com que muitas empresas terceirizem suas operações para atingir um nível de competência e eficiência nos processos que elas não conseguem com os seus próprios esforços.

Além de toda a complexidade, as empresas objetivam, progressivamente, ter menores estoques e trabalhar com prazos ainda mais reduzidos, seja para o atendimento, seja para serem atendidas. É uma nova forma de fazer negócio que expõe as empresas a riscos elevados, mas elas se agarram na logística para minimizarem esses riscos. Como você já deve estar pressupondo, a boa logística passa a ser um diferencial competitivo.

Boa logística, nesse caso, é a logística que não causa conflitos nos relacionamentos com clientes, que permite entregas nos prazos e tudo a um preço razoável. Os serviços precisam demonstrar consistência porque os estoques são menores. Nesse caso, as falhas são sentidas rapidamente por falta de produtos para o cliente final, de itens para produção ou matéria-prima para processamento. Os processos precisam ter desempenho a um custo equilibrado, pois, ao mesmo tempo que não pode haver desperdício e preço diferenciado é uma fonte de valor, há um *trade-off* que nos ensina que tudo barato demais tem qualidade comprometida.

Segundo Zinn (2012), essa nova forma de fazer negócios foi motivada por alguns fatores. A tecnologia da informação proporcionou a gestão da informação com precisão e a custos exponencialmente decrescentes, além de informações crescentes vindas de um ambiente global que, ao mesmo tempo que amplia a concorrência, com a quebra de barreiras e a diminuição das distâncias econômicas, proporciona também oportunidades de contato com fornecedores de mais baixo custo ou mais elevada qualidade. Tudo no mesmo momento em que o poder do mercado se deslocava dos fabricantes em direção ao atacado e ao varejo, mostrando a importância da voz do cliente nos rumos dos negócios.

4.2 LOGÍSTICA ESTRATÉGICA PARA REDES DE SUPRIMENTOS E VALOR

A logística é eminentemente um serviço. Um serviço que acompanha um produto e, muitas vezes, a avaliação de seu desempenho interessa até mais do que o próprio produto adquirido. Por exemplo, quanto mais rápido chega um pedido, melhor! Lojas ou fornecedores que têm sempre o que precisamos crescem em nossa reputação (e assim nos fidelizam).

Disponibilidade, rapidez, consistência no atendimento são características que geram diferenciais ao negócio. Dessa forma, a logística gera diferenciais para a empresa, tornando-a mais competitiva. Isso equivale a dizer que a empresa que planeja, opera e gerencia melhor seus processos e suas operações desde o recebimento dos seus materiais até a entrega do produto ou dos serviços, a um custo razoável, oferece algo mais aos seus clientes. Dessa forma, podemos entender que o balizador da geração de diferenciais da logística é a qualidade dos serviços em relação aos seus custos.

Vejamos o caso de como esse equilíbrio pode acontecer. Para determinados negócios, o cliente tem sempre necessidade de ter o produto imediatamente após a necessidade aparecer. Vale o tempo, por exemplo, o prazo para retorno do carro para uso ou, em linhas gerais, do retorno do equipamento às atividades normais. Para alguém que está com o carro parado com defeito ou uma empresa que está com uma máquina parada por falta de peças, interessa mesmo saber em quanto tempo terá o equipamento funcionando novamente. Uma boa loja de peças ou um bom fornecedor nesses casos é aquele que minimiza o tempo de espera.

Disponibilidade é uma primeira medida de desempenho da logística. Quem tem o carro com defeito ou precisa que a máquina volte a operar quer mesmo é procurar e encontrar as peças de reposição. Quanto mais tempo transcorrer para a solução ou a finalização de um serviço ou processo (de compra, por exemplo), pior é a logística.

Mas por que somente algumas lojas e fornecedores são capazes de atender rapidamente aos pedidos das peças de reposição? Será que tinham estudos de vendas, fizeram uma boa previsão de demanda e, por isso, formaram estoques? Pode ser, deve mesmo ser. Entretanto, ter estoque implica acumular alguns custos. Em ambos os casos, pode até mesmo ter acontecido de o preço de se ter as peças imediatamente ser levemente superior ao que pagariam se tivessem de esperar os fornecedores alternativos a providenciarem. É justo. E, mesmo assim, acrescentou valor. O dono do veículo não teve custos com táxi ou Uber e a empresa não teve a produção paralisada. Ambos ficaram satisfeitos mesmo pagando mais caro. Reconheceram valor em receber a peça de reposição num prazo mais curto!

Quer dizer, quem tem melhor logística pode ter custos maiores ou margens maiores que, mesmo assim, terá o reconhecimento de sua competência. Nem sempre... Quando não é possível pagar nada a mais, a logística, então, vai gerar diferenciais quando conseguir fazer conforme o cliente precisa, ao custo que ele pode pagar.

Já pensou **por que o minério percorre as maiores distâncias, das minas às siderúrgicas ou aos portos, por meio do transporte ferroviário?** Sim, mesmo sendo muito mais lento, o transporte ferroviário é aquele que apresenta o custo compatível com o negócio, já que as mineradoras têm de gerenciar custos dentro do preço de referência do minério no mercado internacional. Caso contrário, elas perdem competitividade, perdem mercado. Não conseguem vender o produto que têm.

Dessa forma, **as decisões da formatação do serviço logístico seguem a estratégia do negócio**. Nesse caso, uma primeira decisão a tomar é o nível de serviço a oferecer. O Gráfico 4.1 ilustra essas opções de nível de serviço. Ao perguntar aos agentes de mercado ou se conhecer a resposta via pesquisa de mercado, a conclusão pode ser a de que a logística deve priorizar os custos, pois o padrão de concorrência que prevalece é o preço e, dessa forma, a logística deve ser de baixo custo.

Sendo assim, você deve primar pela **logística eficiente**, isto é, de baixo custo, mas, como o próprio gráfico demonstra, é também de baixo nível de serviço. **Nesse caso, o custo é o foco e, dentro do limite estabelecido para o custo, procuramos obter o melhor serviço**.

GRÁFICO 4.1 – CARACTERÍSTICAS DO SERVIÇO DE LOGÍSTICA

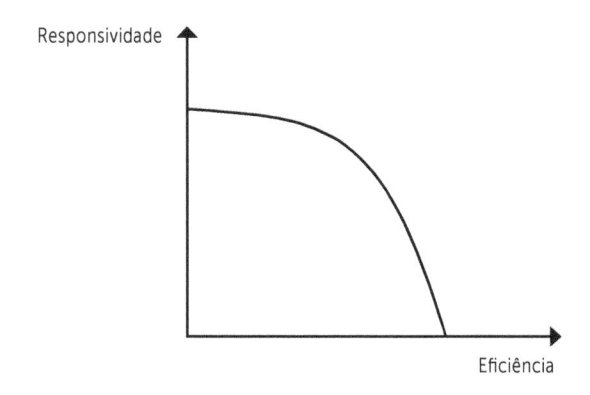

Em outro extremo, a prioridade do mercado e o padrão de concorrência podem requerer logística responsiva (**responsividade**), isto é, a logística alinhada às necessidades específicas do negócio, como prazos curtos, consistentes, e lotes flexíveis. **Nesse caso, a prioridade é atender às especificidades colocadas pelos clientes ou pelo mercado e, depois de formatado o serviço, obter o menor custo**.

Esse formato de serviço implica custos adicionais por diversas razões, que podem ser originados na agregação de serviços auxiliares, no uso de equipamentos e serviços especializados e nas necessidades de processos rápidos e precisos, o que exige maiores níveis de estoque, de ociosidades operacionais e de baixa escala. Esse é o caso, por exemplo, da logística do setor de hospitais, que precisa operar com estoques de reserva, pois há a necessidade de ter medicamento prontamente disponível, uma vez que, quando requisitado, o paciente não pode esperar para consumi-lo.

O Quadro 4.1 sintetiza e ilustra alguns dos atributos pertinentes aos formatos dos serviços logísticos.

QUADRO 4.1 – CARACTERÍSTICAS DOS CRITÉRIOS ORIENTADORES DOS SERVIÇOS DE LOGÍSTICA

Caracterização da responsividade	Atributos da responsividade
Responsividade implica alinhar os serviços às necessidades do cliente. Serviço customizado	1. Alta disponibilidade de produtos (estoques altos; produção empurrada). 2. Precisão no processamento de pedidos. 3. Consistência no processo de separação de pedidos e na expedição. 4. Transporte ágil, que não provoque avarias e seja consistente. 5. Flexibilidade de lotes, de datas, de pontos de entrega, soluções de embalagens para acondicionamento. 6. Comunicação acessível, precisa, eficaz e eficiente. 7. Soluções conjuntas de problemas. 8. Entregas em prazo curto, com consistência e rapidez na remediação de falhas, quando houver. 9. Serviços urgentes e especiais. 10. Instalações/estoques descentralizados.
Caracterização da eficiência	Atributos da eficiência
Eficiência implica oferecer um serviço de logística com prioridade para critérios de otimização de custos. Custo é prioridade. Serviço padronizado.	1. Baixa disponibilidade de produtos (estoques baixos; produção puxada). 2. Pouca consistência no processo de separação de pedidos e na expedição. 3. Transporte lento, pouco seguro, inconsistente, com alto risco de avarias. 4. Inflexibilidade de lotes, de datas, de pontos de entrega e de soluções em geral. 5. Comunicação pouco acessível, imprecisa, pouca rastreabilidade. 6. Entregas em prazos longos, sem consistência e com lentidão na remediação de falhas. 7. Instalações/estoques centralizados.

O Gráfico 4.2 ilustra as combinações para a formatação dos serviços dentro do quadro analítico das fronteiras de possibilidades. Na **situação 1**, a formatação de um serviço de alta responsividade vai implicar, necessariamente, baixa eficiência, ou seja, altos custos. No contraponto, na **situação 2**, serviços de baixo custo, aqueles que são de alta eficiência, são também necessariamente pouco responsivos, isto é, pouco aderentes às necessidades específicas de algum cliente.

Esse quadro permanece no curto prazo. No médio e no longo prazo, é possível sair um pouco das amarras da responsividade-eficiência por meio de planos estratégicos de *marketing* e ações que considerem aumentar o volume das operações e aprimorar o conhecimento da demanda.

GRÁFICO 4.2 – QUALIDADE E CUSTOS DOS SERVIÇOS DE LOGÍSTICA

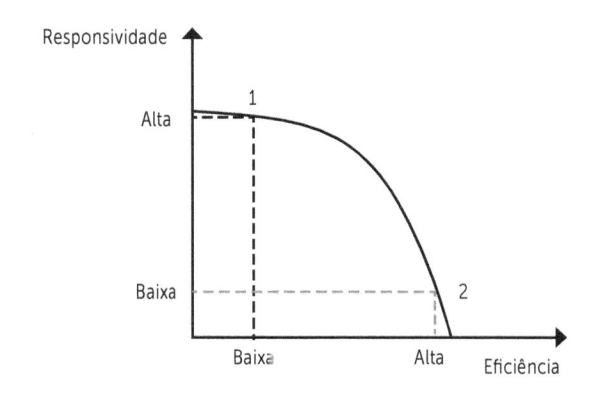

Outra maneira de entender a formatação dos serviços de logística é analisá-la pela demanda na formatação das estratégias logísticas das redes de suprimentos e pelas oportunidades de gestão, conforme primeiro alertou Fischer (1997). Por um lado, redes de suprimentos formadas para disponibilizar produtos com demanda regular, os chamados **produtos funcionais**, aqueles já estabelecidos no mercado e sobre os quais se tem conhecimento da demanda e de suas características, devem ser orientadas pela **eficiência**, pois as boas condições de previsão dão oportunidade de planejamento e programação, proporcionando economias potencialmente significativas de custos.

Por outro lado, há redes formatadas para disponibilizarem **produtos inovadores**. Essas redes de suprimentos formadas para disponibilizar produtos sobre os quais não se tem bom conhecimento da demanda ou esta é bastante instável (caso típico dos produtos novos ou em lançamento no mercado) devem ser orientadas pela **responsividade**, pois a falta de boas condições de previsão não favorece o planejamento e a programação, implicando acréscimos de custos pelo baixo volume das operações, muitas vezes emergenciais, formação de estoques e serviços customizados.

4.3 LOGÍSTICA INTEGRANDO AS REDES DE SUPRIMENTOS

O aprofundamento do uso da logística no campo empresarial foi gradual. Inicialmente, o aprimoramento dos processos da logística aconteceu internamente às empresas, principalmente como um conjunto de iniciativas de otimização de suas operações, ligado às estruturas de suprimentos, produção e distribuição. Essa foi a era da **logística empresarial**, preocupada com o planejamento e a gestão de atividades próprias, mas, muitas vezes, sem a devida implementação de uma visão integrada com fornecedores e preocupada com os interesses dos clientes.

O papel da logística nas redes de suprimentos está baseado em suas atividades primárias – transporte, estoques, instalações e informações. A logística ajuda a promover a integração entre as empresas, que, dessa maneira, capacitam a rede a entregar o máximo valor. Assim, tudo acontece: as empresas realmente se integram e melhoram resultados se a logística funciona bem. No Quadro 4.2, a seguir, você terá um breve resumo das interfaces e dos papéis da logística nas cadeias de suprimentos.

Por exemplo, as promessas no momento das vendas e a gestão das informações do processo das entregas implicam satisfação do cliente. Se prometer e não cumprir e se não tiver informações para dar, insatisfação é gerada e valor é perdido.

Além do mais, a sincronização entre a capacidade de suprimentos e as necessidades é fundamental para honrar os compromissos e cumprir os prazos de entrega combinados. Isso implica tomar decisões acertadas sobre: a localização de depósitos, a cobrança de desempenho de clientes; a contratação de serviços de transporte; o estabelecimento de políticas de eliminação de desperdícios e de planos de investimentos em capacidade; o lançamento de novos produtos; e a logística reversa.

QUADRO 4.2 – INTERFACES DA LOGÍSTICA COM OS SISTEMAS INTERNOS E NA REDE DE SUPRIMENTOS

Fornecedores	Suprimentos	Produção	Distribuição	Canal de distribuição	Mercado (varejo, clientes finais)
Logística integrada com fornecedores para baratear a produção e garantir fluxo de informações, materiais e serviços de qualidade com confiabilidade.	Logística interna que viabilize o atendimento do mercado com preços competitivos e o cumprimento dos prazos prometidos – gestão de estoques, informações entre setores, compras alinhadas às necessidades da produção, produção alinhada às avaliações do mercado e vendas efetivas.			Logística integrada com distribuidores e grandes redes do varejo para o produto chegar ao cliente final – informações, produtos e fluxo financeiro.	Atendimento às questões básicas levantadas pelo cliente final: necessidade – qual produto? disponibilidade – onde e quando consegui-lo? qualidade de serviço – serão confiáveis? preço – quanto?

Essa deficiência foi superada pela forma de abordar a logística, prevendo a integração das atividades. Esse novo formato – **logística integrada** – permitiu alguns ganhos significativos nos processos internos das empresas, assim como outros advindos do relacionamento da empresa com algumas atividades de alguns parceiros imediatos. Dentre os ganhos, podemos destacar mais eficácia nas medidas de redução do nível de estoques de materiais e de produtos acabados.

4.3.1 SOLUÇÕES DE INTEGRAÇÃO: *JUST IN TIME, CROSS DOCKING E MILK RUN*

O novo formato – a integração – ocorreu de forma bem pragmática, transformando ideais em ferramentas e práticas que viabilizaram a incorporação dos processos entre fornecedores e clientes, resultando em melhor desempenho, como o *just in time*, o *cross docking* e o *milk run*, os quais você vai conhecer na sequência.

| Just in time

O *just in time* é um sistema de produção em que há sincronização entre as entregas dos fornecedores e as necessidades dos clientes, geralmente em pequenos lotes. O interesse principal é a minimização de estoques e de perdas nos locais em que ocorre a produção ou a necessidade, no caso dos serviços.

A ideia é que as entradas devam ocorrer praticamente no momento de sua utilização, em remessas pequenas e frequentes e na quantidade exata. Dessa forma, o princípio do *just in time* é fabricar e entregar produtos apenas a tempo de serem vendidos, submontá-los apenas a tempo de montá-los nos produtos acabados, fazer peças apenas a tempo de entrar nas submontagens e, finalmente, adquirir materiais apenas a tempo de serem transformados em peças fabricadas.

É um sistema muito ajustado e de alto risco, que não permite erros. Encaixa-se na nova forma de fazer negócios – para minimizar o risco, há a necessidade de selecionar bem os parceiros e manter relacionamentos bem próximos deles. Nesse sentido, um dos pontos críticos é a seleção de quais fornecedores reúnem os requisitos para enfrentarem esse desafio. Eles precisam se localizar a pequena distância do cliente, oferecer alto nível de confiabilidade em suas operações, de qualidade e de confiança, pois terão informações compartilhadas do cliente, como seus planos de produção e de investimentos. Uma empresa que decide por um sistema *just in time* espera como principais resultados:

- maior produtividade das linhas de produção;
- redução do nível de estoque;
- melhor aproveitamento de espaço;
- redução do custo de gerenciar a qualidade.

Cross docking

O *cross docking* é um conceito de operação de manuseio rápido da carga para reduzir necessidades de armazenagem. Para essa operação, são utilizadas instalações simples. A Figura 4.1 ilustra a operação. Observe.

FIGURA 4.1 – OPERAÇÃO DE *CROSS DOCKING* COMPARATIVAMENTE À ARMAZENAGEM

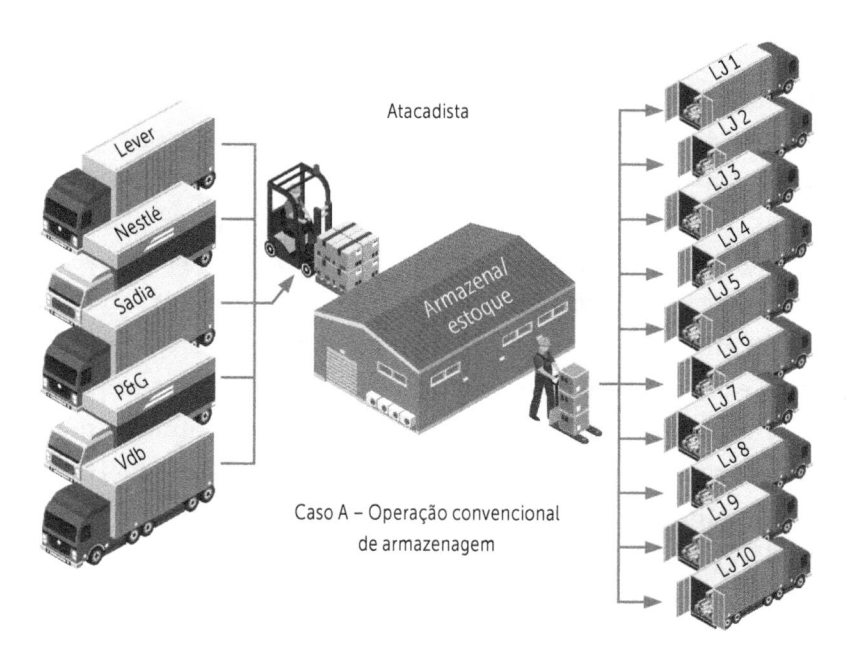

Caso A – Operação convencional de armazenagem

Caso B – Operação de *cross docking*

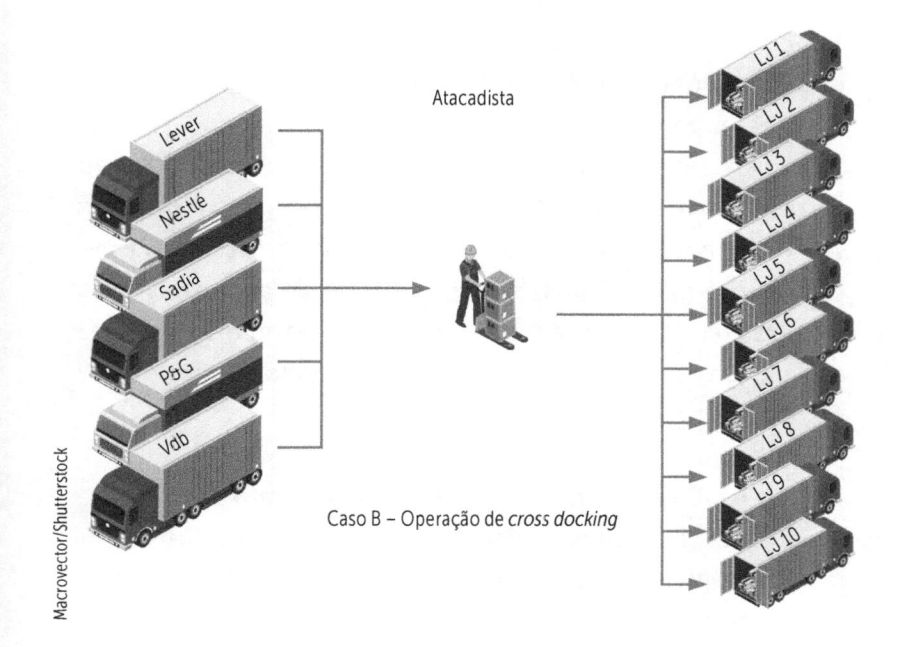

Fonte: Elaborado com base em Bertaglia, 2009.

Na Figura 4.1, no Caso A temos uma operação de armazenagem convencional. Toda carga é retirada do caminhão e é armazenada. Ficará guardada até o momento em que for requisitada. Isso pode durar dias, semanas ou meses. No **Caso B**, da operação de *cross docking*, a carga é descarregada dos caminhões à medida que chegam, de forma programada, e já são organizadas conforme os pedidos a serem atendidos.

Uma vez que todos os caminhões esperados tenham chegado, os pedidos podem ser carregados e os outros caminhões podem prosseguir viagem, agora com carga de diversos fornecedores.

Dentre as vantagens que as operações de *cross docking* podem proporcionar, podem ser destacadas:

- redução de tempo;
- redução de custos;
- redução de área e estruturas de instalações de armazéns;
- redução do nível de estoque.

Para se atingir esses objetivos, é necessário, porém, bom esforço de coordenação com os fornecedores. Nada é tão natural e óbvio assim! Reflita sobre quais as dificuldades em se obter esses ganhos...

Ah, sim, de nada adianta tudo estar preparado se um ou outro fornecedor falhar. Todo o esquema deixa de fazer sentido e, então, o custo vai ser muito alto. Carros vão esperar por um dia ou mais, produtos não serão armazenados e correrão o risco de serem perdidos. É bom também entender que não dá para fazer essa operação com todos os produtos!

Milk run

O *milk run* é um sistema de coleta sincronizada de materiais de um cliente, organizado em conjunto com alguns clientes estratégicos e colocado em prática pela indústria automobilística nacional. Um veículo, contratado pela indústria automobilística, sai coletando as peças que seus fornecedores teriam como compromissos de entrega do dia, conforme programação antecipada.

Em termos operacionais, o *milk run* necessita de programação conjunta das coletas, ou seja, a determinação da frequência e da quantidade de peças necessárias para suprir a linha de produção e realizar o planejamento de produção para um determinado período com menor estoque possível e maior precisão das entregas. A Figura 4.2 ilustra uma programação nos moldes do *milk run*.

FIGURA 4.2 – ILUSTRAÇÃO DE UMA OPERAÇÃO *MILK RUN*

Fornecedor 1
Fornecedor 3
Fornecedor 4
Cliente
Fábrica/montadora

ArnaPhoto, Vector FX e WarmWorld/Shutterstock

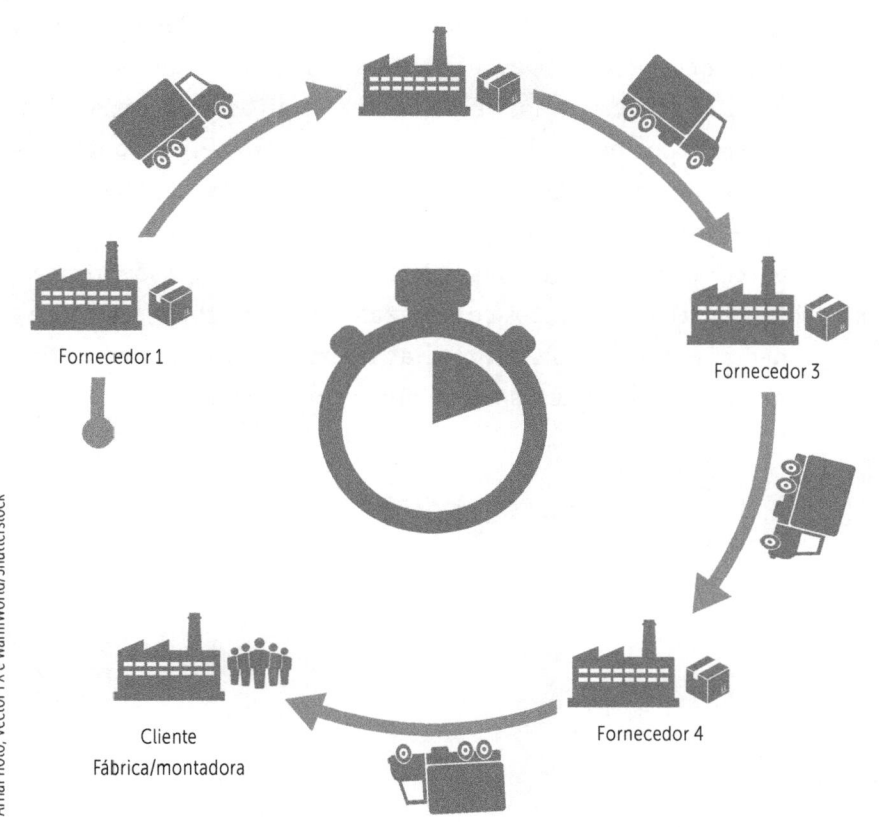

O *milk run* prevê, como nos casos anteriores, uma integração entre fornecedores e o cliente principal para que os resultados almejados sejam, de fato, alcançados: redução de estoques, de custos e de prazos. Qualquer perturbação nos relacionamentos, seja por uma informação mal compreendida, como de programação da produção, seja por problema técnico na produção de um fornecedor apenas, e toda a produção do cliente ficará comprometida.

SÍNTESE

Como você compreendeu com os estudos deste capítulo, as preocupações da gestão, muitas vezes, estão centradas nas vendas, na gestão dos recursos financeiros e na gestão das pessoas, por exemplo. Entretanto há outro universo de preocupações que lida com decisões relacionadas à disponibilidade do produto, desde decisões sobre o que e quanto produzir até como e quando entregar. Essas são as preocupações típicas da logística. São ações complexas para o gestor e requerem decisões que envolvem muitas operações, muitos recursos, muitos processos e, às vezes, muitos parceiros.

5

SISTEMAS DA LOGÍSTICA EMPRESARIAL E O SUBSISTEMA DE SUPRIMENTOS

CONTEÚDOS DO CAPÍTULO:

- A logística como sistema e seus componentes.
- O papel dos suprimentos e das compras para o melhor desempenho da logística e das redes de suprimentos.

APÓS O ESTUDO DESTE CAPÍTULO, VOCÊ SERÁ CAPAZ DE:

1. entender como deve acontecer a integração dos subsistemas da logística nas empresas;
2. analisar a importância do setor compras mais proativo para a melhoria dos resultados da empresa;
3. compreender a importância e idealizar práticas de integração da logística nas redes de suprimentos.

5.1 OS SUBSISTEMAS DA LOGÍSTICA

A logística organiza-se, como sistema, em três compartimentos interconectados, que são, na verdade, subsistemas: o de suprimentos, o de produção e o da distribuição, como você vê ilustrado na Figura 5.1.

FIGURA 5.1 – LOGÍSTICA EMPRESARIAL E LIGAÇÕES COM FORNECEDORES E CLIENTES

Fornecedores → Suprimentos | Produção | Distribuição → Clientes

A sincronia dos subsistemas internos garante que a empresa consiga dar as melhores respostas aos clientes. É um conjunto de processos que precisam estar alinhados em torno de um objetivo comum e maior do que o alcance de resultados imediatos.

Assim, se a empresa trabalha num mercado em que prevalece, como critério de concorrência, o **preço**, o objetivo da área de suprimentos é identificar, no mercado, os fornecedores de mais baixos custos, dentro das especificações requeridas, para fazer as compras e disponibilizar os itens para a produção, a qual vai implementar estratégias de produção minimizadoras de custos – como lotes econômicos de produção em alguns casos e produção sob encomenda em outros – e práticas de distribuição que não onerem o produto em demasia – como o uso de centros de distribuição, dependendo do volume de operações, o uso de atacadistas e transporte de baixo custo.

Quando a empresa concorre em mercados em que prevalecem critérios em outro extremo, de diferenciais em responsividade, também precisará fazer todo o alinhamento pertinente. Por exemplo, se empresa concorre num setor com necessidade de **rapidez** no atendimento, ela deverá ter fornecedores próximos às suas instalações ou com relações colaborativas e bastante conectados por ferramentas da tecnologia da informação, de forma a viabilizar agilidade no atendimento de itens para montagem e produção e entrega rápida ao mercado, utilizando serviços de transporte exclusivos ou com rapidez reconhecida, como é o caso das empresas aéreas.

Em qualquer situação, a perfeita integração e a sincronia interna determinam o desempenho, que é o atendimento ao cliente, por isso os subsistemas internos não podem ser gerenciados como se fossem estruturas autônomas.

A gestão da **logística interna** precisa viabilizar o atendimento do mercado a preços competitivos e prazos prometidos e, então, planejar seus processos para garantir que as informações sejam compartilhadas entre os subsistemas, de forma que as compras estejam alinhadas às necessidades da produção e a produção alinhada às avaliações do mercado e às vendas efetivas.

5.2 O SUBSISTEMA SUPRIMENTOS

O **subsistema de suprimentos** tem por função prover o **material certo**, no **local de operação certo**, no **instante correto** e com o **mínimo custo possível**. Encontram-se, nesse subsistema, os processos responsáveis pela obtenção dos materiais e componentes, desde a tomada de decisão de terceirizar ou não processos até a gestão de estoques de materiais e matérias-primas em geral.

As boas práticas de gestão de suprimentos que favorecem o bom desempenho das operações nas redes de suprimentos requerem coordenar a movimentação dos materiais de acordo com as exigências da produção e das vendas. São processos típicos do subsistema de suprimentos:

- desenvolver estratégias de terceirização;
- clarificar exigências de compras;
- planejar fluxo de recebimento de material;
- planejar e adquirir recursos necessários (*supply chain planning*);

- identificar, avaliar e desenvolver fornecedores;
- identificar capacidade crítica de materiais e forne cedores;
- colaborar com fornecedores e fabricantes;
- negociar e gerenciar contratos;
- operar armazenagem.

No processo de suprimento, existem algumas atividades que têm impactos diretos nos fluxos e nos custos logísticos. São elas:

- **Seleção de fornecedores**: Distância entre fonte e comprador influencia transporte, tempo de entrega, confiabilidade dos prazos. A existência de múltiplos fornecedores localizados geograficamente próximos facilita a consolidação dos fretes com consequente redução dos custos de transporte. Historicamente existe a evidência de que os fornecedores procuram se localizar próximos a seus clientes e vice-versa, o que permite uma entrega mais rápida e com menores probabilidades de interrupção nos transportes.
- **Quantidades a serem adquiridas**: O tamanho individual do lote de entrega é afetado pelo custo de transporte (frete), pelo número de fornecedores, pela estrutura de preço praticada pelo fornecedor (com ou sem desconto) e pelo método de controle de estoque (ponto de reposição – ponto de mínimo estoque).
- **Programação das compras**: Volume e frequência de compras estão relacionados. Quando os volumes de compras são maiores, o número de pedidos/ano é menor e, assim, os custos de manutenção de estoques são maiores.
- **Forma física das mercadorias**: É essencial manter compatibilidade logística ao longo do fluxo para uma eficiente movimentação. Em geral, a incompatibilidade entre sistemas de movimentação de materiais é resultante do uso de paletes de tamanho diferente (fornecedor e comprador), forma ou peso do produto

(excede capacidade das máquinas e dos equipamentos disponíveis) e modo de transporte não apropriado para o comprador.

Podemos, assim, dizer que algumas questões-chave orientam as estratégias e as operações do setor de suprimentos com enfoque em logística, que são:

- as compras;
- a seleção dos fornecedores;
- os métodos de garantias de suprimentos, como o MRP;
- a gestão de estoques.

5.2.1 COMPRAS

O subsistema de suprimentos está relacionado a todo processo de abastecimento da rede e o responsável por isso é o setor de compras das empresas. Portanto, todo processo de obtenção de matéria-prima, desde a escolha do fornecedor até a escolha do que e quanto comprar, são responsabilidades da função *compras*. Essa responsabilidade tem cada dia se tornado mais estratégica para as empresas.

Compras deixa de ser, portanto, apenas uma função de abastecimento da rede, tornando-se peça estratégica da empresa e fundamental no alcance dos seus objetivos, sejam eles minimizadores de custos, sejam maximizadores de diferenciais.

Como as empresas aumentaram bastante o nível de terceirização de seus processos, o volume financeiro de suas compras em proporção à receita é muito alto. Para muitas empresas, aproximadamente dois terços da receita é gasto com terceiros.

Por exemplo, hospitais americanos elegeram a definição de novas estratégias de compras como a maneira mais eficaz para controlar gastos com medicamentos, conforme relata Evans (2016). As estratégias estão baseadas na minimização de estoques, no fracionamento de medicamentos e na busca de alternativas mais baratas. Atente para o Estudo de Caso a seguir.

ESTUDO DE CASO

O hospital da University de Utah projetava cortar despesas anuais com vasopressina em 6%. Por muitos anos, o hospital manteve a medicação de pressão arterial vasopressina em carrinhos hospitalares para uso em situações de emergência, mas, depois de observar o aumento do preço da droga, a empresa sem fins lucrativos está removendo a droga de todos os 100 carrinhos.

O objetivo não é usar a droga em menos pacientes, mas sim reduzir a quantidade dela que fica por aí sem uso, como disse Erin Fox, que supervisiona a política de medicação para o hospital da University de Utah, situado em Salt Lake City. A empresa sem fins lucrativos acha que pode fazê-lo sem qualquer risco adicional para seus pacientes, rapidamente despachando o medicamento de suas farmácias-hospital quando necessário. Os medicamentos mais críticos permanecerão nos carrinhos.

Os hospitais dos Estados Unidos, que se recuperam do rápido aumento dos preços dos medicamentos, estão tomando medidas agressivas para reduzir os gastos com medicamentos. Os executivos de farmácias hospitalares dizem que esperam diminuir o rápido aumento dos custos, fazendo suprimentos para os andares do hospital com base nas necessidades, mudando para alternativas mais baratas e medicamentos mais meticulosamente necessários.

Muitos hospitais compram as drogas que administram aos pacientes dos atacadistas, mas geralmente não cobram diretamente das seguradoras de saúde por essas drogas. Em vez disso, as seguradoras muitas vezes pagam aos hospitais uma taxa fixa para tratarem qualquer doença de um paciente. Quando os preços dos medicamentos sobem inesperadamente, os hospitais devem absorver o custo extra, disseram executivos.

Depois que a Valeant Pharmaceuticals International Inc. aumentou o preço dos medicamentos cardíacos Nitropress e Isuprel, de um dia para o outro, de 200% a 500%, em 2017, o MedStar Washington Hospital Center, com sede em Washington, trocou para o medicamento genérico mais barato Nitropress. Ele também inventou uma maneira de reembalar Isuprel de sua ampola de uso único – muito do qual já havia sido desperdiçada – em cinco doses separadas, economizando 1,7 milhão de dólares por ano.

Os preços voláteis levaram a Cleveland Clinic a desenvolver algoritmos que analisam os preços por atacado de 38 mil medicamentos por semana, disse Jeffrey Rosner, diretor sênior de compras de farmácias. O algoritmo observa aumentos surpreendentes de preços que antes não foram detectados por semanas ou meses, e permite que o hospital faça mudanças rápidas, disse ele.

Fonte: Elaborado com base em Evans, 2016.

Nesse contexto, o setor de Compras está experimentando grandes transformações nas empresas, assim como estas têm demandado um perfil diferente de seus profissionais. Em razão do potencial ainda pouco explorado, segundo Webb (2016), empresas estão promovendo grandes transformações no setor de compras, competindo por talentos no gerenciamento de fornecedores e no manuseio de informações do *big data*. Os profissionais dessas áreas já não são mais administradores de *back-office*, aqueles de perfil de suporte, que executam atividades de requisições, orçamentos, pedidos e pagamentos, pois a empresa precisa explorar sua base de suprimentos e aprender a mobilizar os recursos dos fornecedores de forma mais eficaz para vencer os concorrentes. Então, devemos esperar que a área de compras da empresa:

- garanta suprimentos em fluxo contínuo;
- esteja empenhada em melhorias contínuas dos itens adquiridos e dos fornecedores;
- apoie a inovação da empresa;
- esteja empenhada em adquirir ao menor custo total;
- alinhe os seus critérios às estratégias de produção e do negócio.

5.2.2 SELEÇÃO DE FORNECEDORES

À medida que os negócios se tornam mais complexos, mais serviços são terceirizados para fornecedores a fim de que estes apoiem a gestão da complexidade. Isso cria mais dependência das capacidades do fornecedor.

O fornecedor e sua competência são fontes importantes de diferenciais competitivos de diversas formas:

- **Diferenciais em custo**: Custos mais baixos de itens, que proporcionarão custos mais baixos do produto ao cliente final. Fornecedores mais alinhados, que permitirão reduções de custos, por exemplo, na produção (redução de desperdícios) e na formação de estoque.
- **Diferenciais em qualidade**: Fornecedores com melhor domínio de técnicas de produção, que entregam itens de melhor desempenho na produção do produto ao cliente final.
- **Inovação**: Fornecedores mais integrados e alinhados, que permitem inovar em processos, em materiais, em produtos e em desenvolvimento de novos produtos (DNP).

Você estudou uma explicação mais detalhada da forma de identificação da fonte de valor dos fornecedores e do uso do adequado instrumento de governança para capturar o valor no Capítulo 3, seção 3.2, lembra-se?

5.3 DECISÕES E MÉTODOS EM LOGÍSTICA DE SUPRIMENTOS

Alguns métodos são utilizados para apoiar as decisões sobre compras e a definição de pedidos. São técnicas desenvolvidas mesmo antes de todo o interesse na logística, mas que, atualmente, apoiam as empresas no sentido de não falharem com os seus clientes por falta de itens e paralisação da produção.

5.3.1 MRP – *MATERIAL REQUIREMENT PLANNING*

O MRP – *material requirement planning* – foi um conceito desenvolvido nos anos de 1960 quando a indústria constatou que a complexidade da produção era crescente. A cada dia, mais e mais itens eram incorporados nos produtos, que ganhavam uma diversidade de funcionalidades e, ao mesmo tempo, peças e componentes.

O MRP parte, então, da necessidade de planejar e controlar operações de forma mais eficiente, tendo como meta principal o atendimento ao cliente final, mas também reduzindo a formação de estoques. É um planejamento formado com base em informações diversas, como o plano de produção, ou o chamado *MPS (master production scheduling)*, os pedidos, as previsões de vendas, as listas de itens para produção e os itens em estoque, e gera o planejamento das compras e da produção, conforme você pode ver na Figura 5.2.

FIGURA 5.2 – INTEGRAÇÃO DO MRP AO PLANEJAMENTO DE PRODUÇÃO DE UMA EMPRESA

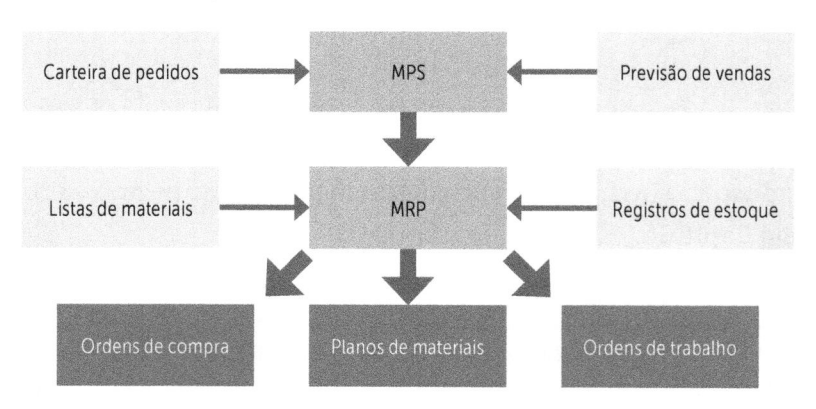

O MPS é uma peça-chave para o bom desempenho do MRP e é alimentado por informações diversas que definem a capacidade de produção, como a capacidade efetiva de produção, a necessidade de paralisação de máquinas para manutenção, a capacidade de fornecedores e a necessidade de estoque de segurança.

O MRP trabalha com alguns conceitos essenciais, como:

- **Demanda dependente**: Itens cuja demanda decorre de outros itens de uma lista do produto.
- **Demanda independente**: Produto final cuja demanda é dada pelo mercado.
- **Item-pai**: É um item de estoque que tem componentes; cada um desses itens componentes é um item-filho do item-pai. Caso o item-filho tenha itens componentes, ele é também um item-pai destes.

A Figura 5.3 pode ajudar você nessa diferenciação. A cadeira, no caso, é nossa demanda independente. Os itens que compõem a cadeira serão nossos itens de demanda dependente. Assim, apenas quando soubermos quantas cadeiras iremos produzir, poderemos saber quantos pés, almofadas, apoios etc. precisaremos.

Além disso, perceba que os assentos, por exemplo, geram itens, como almofadas e ripas, portanto, assento é um **item-pai**, nesse nível.

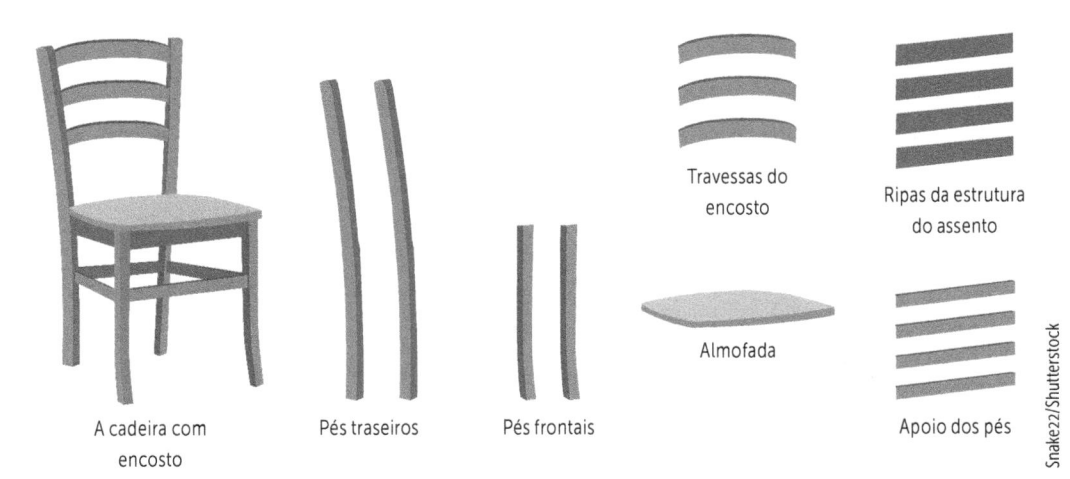

FIGURA 5.3 – ILUSTRAÇÃO DE UMA REDE DE SUPRIMENTOS

Fonte Krajewski; Ritzman; Malhotra, 2009, p. 533.

- **Necessidade bruta**: Quantidade e tempo das necessidades totais de um material em particular, sem considerar disponibilidades de estoques ou recebimento programados.
- **Necessidade líquida**: Necessidades totais de um material em particular, considerando-se os estoques.
- **Lead time**: Prazo computado entre o início da primeira atividade até a conclusão da última, em séries de atividades.

Vamos apresentar a você uma situação para aplicação: a Fabio Castelo Ltda. é uma empresa que produz três modelos de lapiseiras e estabeleceu, para as próximas semanas, o plano-mestre de produção que aparece na tabela a seguir.

TABELA 5.1 – INFORMAÇÕES BÁSICAS PARA A ELABORAÇÃO DE UM PLANO-MESTRE DE PRODUÇÃO DA EMPRESA FABIO CASTELO LTDA.

	Semanas							
	1	2	3	4	5	6	7	8
Modelo A	180					180		
Modelo B				120			120	
Modelo C		250	250		250			250

> Elabore um planejamento de necessidades de materiais (MRP) para o componente grafite de 0,5 mm, com base nas seguintes informações:
> - em cada lapiseira, há uma necessidade de cinco unidades de grafite;
> - somente os modelos A e C utilizam essa especificação de grafite;
> - há um estoque inicial de 300 unidades;
> - já está programado um recebimento de um lote para a primeira semana;
> - o tamanho do lote foi definido em 1.000 unidades;
> - o tempo de reposição é de uma semana.

Bem, vamos começar interpretando a informação de que o tamanho do lote seja sempre em múltiplos de 1.000 unidades. Assim, vamos usar os conceitos básicos, apresentados anteriormente, para elaborar o nosso plano de necessidades. As explicações serão colocadas no interior das células na Tabela 5.2.

Para treinar, experimente interpretar a informação sobre o lote como se fosse uma quantidade mínima de 1.000 unidades. Depois, compare os resultados em termos de formação de estoque. Qual seria a melhor forma de compra para essa empresa?

TABELA 5.2 – SIMULAÇÃO DO DESENVOLVIMENTO DE UM PLANO-MESTRE DE PRODUÇÃO

	1	2	3	4	5	6	7	8
Compra de grafites para lotes MÚLTIPLOS de 1.000 unidades								
Necessidades brutas de grafites (A produção planejada de lapiseiras para o período)	900 (mod. A usa 5 grafites=5x180)	1.250 (mod. C usa 5 grafites=5x250)	1.250 (mod. C usa 5 grafites=5x250)	(A produção planejada é do mod. B que não usa grafites)	1.250 (mod. C usa 5 grafites=5x250)	900 (mod. A usa 5 grafites=5x180)	(A produção planejada é do mod. B que não usa grafites)	1.250 (mod. C usa 5 grafites=5x250)
Recebimentos programados	1.000 (estava programado um recebimento)							
Estoque disponível projetado	400 (1.000-900+300)	150 (1.000-1.250+400)	900 (2.000-1.250+150)	900	650 (1.000-1.250+900)	750 (1.000-900+650)	1.750 (1.000+750)	500 (-1.250+1.750)
Recebimentos planejados		1.000	2.000		1.000	1.000	1.000	
Liberação de pedidos planejados	1.000	2.000	0	1.000	1.000	1.000	0	0

Estoque inicial informado: 300

	1	2	3	4	5	6	7	8
Compra de grafites para lotes MÍNIMOS de 1.000 unidades								
Necessidades brutas de grafites (A produção planejada de lapiseiras para o período)								
Recebimentos programados	1.000							
Estoque disponível projetado	300							
Recebimentos planejados								
Liberação de pedidos planejados	1.000							

Para criarmos uma situação mais prática, vamos imaginar, agora, a produção de uma cadeira com os seus diversos componentes, conforme a Figura 5.4.

FIGURA 5.4 – NECESSIDADES DE ITENS E OUTRAS INFORMAÇÕES PARA A PRODUÇÃO DE UMA CADEIRA

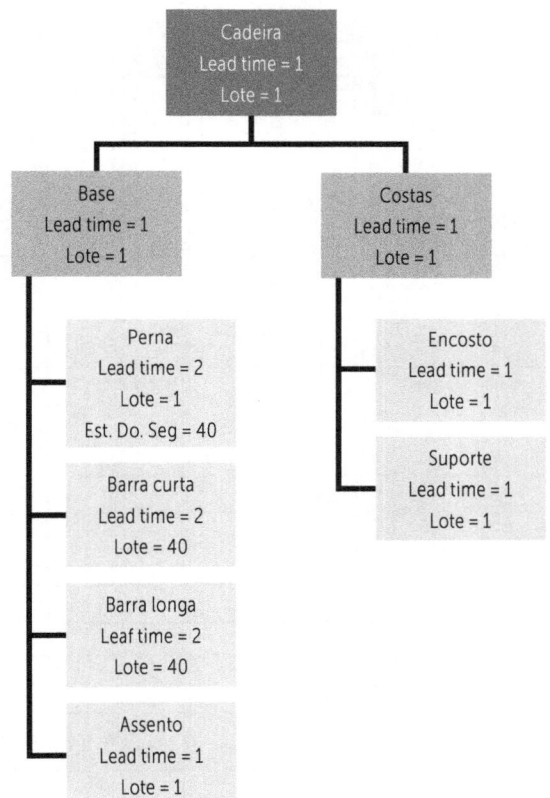

```
Cadeira
Lead time = 1
Lote = 1
├── Base
│   Lead time = 1
│   Lote = 1
│   ├── Perna
│   │   Lead time = 2
│   │   Lote = 1
│   │   Est. Do. Seg = 40
│   ├── Barra curta
│   │   Lead time = 2
│   │   Lote = 40
│   ├── Barra longa
│   │   Leaf time = 2
│   │   Lote = 40
│   └── Assento
│       Lead time = 1
│       Lote = 1
└── Costas
    Lead time = 1
    Lote = 1
    ├── Encosto
    │   Lead time = 1
    │   Lote = 1
    └── Suporte
        Lead time = 1
        Lote = 1
```

Com base nessas informações, podemos, então, gerar o MRP para todos os itens de produção de cadeiras, conforme os compromissos assumidos nas vendas e as informações sobre estoque, lote e prazos de entrega (*lead time*), conforme a Tabela 5.3, a seguir.

TABELA 5.3 – EXEMPLO DE DESENVOLVIMENTO DO MRP

MRP para cadeira	dias									
	1	2	3	4	5	6	7	8	9	10
MPS		10		15		35		15		15
Estoque inicial = 15										
Tamanho do lote = 1										
Prazo de entrega = 1										
Necessidade bruta	0	10	0	15	0	35	0	15	0	15
Recebimentos programados		20								
Estoque projetado disponível	15	25	25	10	10	0	0	0	0	0
Plano de liberação de ordens				25		15		15		

MRP para costas	dias									
	1	2	3	4	5	6	7	8	9	10
Estoque inicial = 40										
Tamanho do lote = 1										
Prazo de entrega = 0										
Necessidade bruta	0	0	0	0	25	0	15	0	15	
Recebimentos programados										
Estoque projetado disponível	40	40	40	40	15	15	0	0	0	
Plano de liberação de ordens								15		

MRP para base	dias									
	1	2	3	4	5	6	7	8	9	10
Estoque inicial = 0										
Tamanho do lote = 1										
Prazo de entrega = 1										
Necessidade bruta	0	0	0	0	25	0	15	0	15	
Recebimentos programados			15							
Estoque projetado disponível	0	0	15	15	0	0	0	0	0	
Plano de liberação de ordens				10		15		15		

(continua)

(Tabela 5.3 – continuação)

MRP para encosto	dias									
	1	2	3	4	5	6	7	8	9	10
Estoque inicial = 3										
Tamanho do lote = 1										
Prazo de entrega = 0										
Necessidade bruta	0	0	0	0	0	0	0	15		
Recebimentos programados			10							
Estoque projetado disponível	3	3	13	13	13	13	13	0		
Plano de liberação de ordens							2			

MRP para suporte	dias									
	1	2	3	4	5	6	7	8	9	10
Estoque inicial = 10										
Tamanho do lote = 40										
Prazo de entrega = 2										
Necessidade bruta	0	0	0	0	0	0	0	15		
Recebimentos programados										
Estoque projetado disponível	10	10	10	10	10	10	10	35		
Plano de liberação de ordens						40				

MRP para perna	dias									
	1	2	3	4	5	6	7	8	9	10
Estoque inicial = 50										
Tamanho do lote = 1										
Prazo de entrega = 2										
Estoque de segurança = 40										
Necessidade bruta	0	0	0	40	0	60	0	60		
Recebimentos programados			50							
Estoque projetado disponível	50	50	100	60	60	40	40	40		
Plano de liberação de ordens				40		60				

(Tabela 5.3 – conclusão)

MRP para barra curta	dias									
	1	2	3	4	5	6	7	8	9	10
Estoque inicial = 30										
Tamanho do lote = 40										
Prazo de entrega = 2										
Necessidade bruta	0	0	0	20	0	30	0	30		
Recebimentos programados	10									
Estoque projetado disponível	40	40	40	20	20	30	30	0		
Plano de liberação de ordens				40						

MRP para barra longa	dias									
	1	2	3	4	5	6	7	8	9	10
Estoque inicial = 30										
Tamanho do lote = 40										
Prazo de entrega = 2										
Necessidade bruta	0	0	0	20	0	30	0	30		
Recebimentos programados	10									
Estoque projetado disponível	40	40	40	20	20	30	30	0		
Plano de liberação de ordens				40						

MRP para assento	dias									
	1	2	3	4	5	6	7	8	9	10
Estoque inicial = 0										
Tamanho do lote = 1										
Prazo de entrega = 1										
Necessidade bruta	0	0	0	10	0	15	0	15		
Recebimentos programados		15								
Estoque projetado disponível	0	0	15	5	5	0	0	0		
Plano de liberação de ordens					10		15			

5.3.2 ARMAZENAGEM DE MATERIAIS

Você sabia que um ponto comum entre as empresas que possuem estoque é a codificação de produtos? As empresas utilizam códigos para identificar seus produtos. Em sua opinião, por que as empresas codificam os materiais?

Fundamentos para a armazenagem

A **codificação de materiais** pode ser entendida como uma ferramenta que apoia o controle de entrada, a permanência em estoque e a saída dos produtos e é composta por elementos que visam facilitar a identificação do produto por meio de uma linguagem própria.

Essa identificação dos produtos (ou codificação) pode ser feita utilizando apenas letras do alfabeto, apenas números ou, ainda, combinando as duas situações, ou seja, códigos alfanuméricos. Outra opção de codificação é utilizar o código de barras como identidade dos materiais.

A estrutura de produto é utilizada, principalmente, por empresas que possuem o processo de transformação e que utilizam a ferramenta de tecnologia da informação denominada *MRP*. Como você já sabe, o MRP pode ser traduzido como planejamento das necessidades de materiais e utiliza os códigos e a estrutura de produto para calcular e gerar as necessidades de materiais a serem produzidos e/ou adquiridos.

Localização interna (endereçamento)

Imagine, agora, um armazém. Nesse armazém, há em torno de 30.000 itens diferentes estocados e cada item com uma quantidade. Você precisa localizar cinco itens diferentes nesse armazém. Como fará essa localização de forma rápida e precisa?

Você aprendeu que é aconselhável identificar ou codificar os materiais que a empresa manipula, contudo, imagine um armazém que contém cerca de 30.000 itens diferentes. Como saber em que local esses itens estão armazenados?

Assim, é necessário que o local de armazenamento também esteja devidamente identificado para que as atividades de armazenamento e separação ocorram de maneira rápida e confiável. Para isso, é necessário que seja estipulado o endereçamento do armazém.

O **endereçamento do armazém** inclui a denominação semelhante aos endereços convencionais que encontramos para os apartamentos nas cidades: rua, prédio ou prateleira, nível ou andar, apartamento. Veja o exemplo na Figura 5.5.

FIGURA 5.5 – ENDEREÇAMENTO DE ARMAZÉM

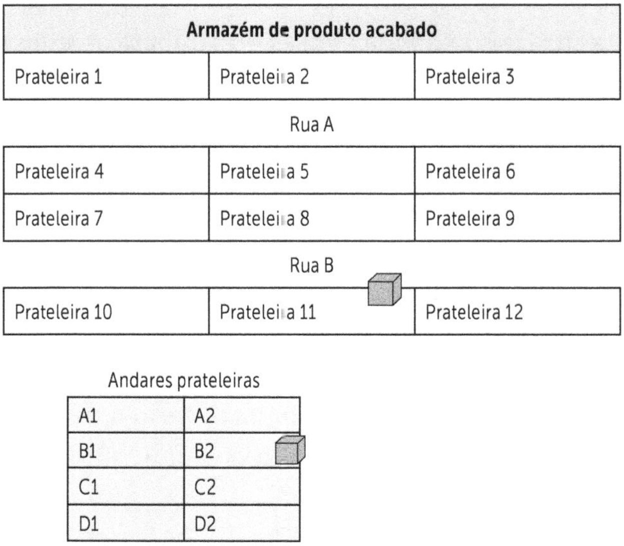

Armazém de produto acabado		
Prateleira 1	Prateleira 2	Prateleira 3
Rua A		
Prateleira 4	Prateleira 5	Prateleira 6
Prateleira 7	Prateleira 8	Prateleira 9
Rua B		
Prateleira 10	Prateleira 11	Prateleira 12

Andares prateleiras

A1	A2
B1	B2
C1	C2
D1	D2

A Figura 5.5 trata de um armazém de produto acabado, com 12 prateleiras, cada uma identificada de forma numérica, distribuídas em duas ruas, identificadas pelas letras A e B do alfabeto. Além disso, cada prateleira tem quatro andares, cada andar com dois apartamentos. Dessa forma, ao identificarmos o cubo presente na Figura 5.5, temos o seguinte endereço ou localização:

> Armazém de produto acabado rua B, prateleira 11, andar ou nível B, apartamento 2.

O endereçamento do armazém apresenta as seguintes vantagens:

- facilitar a utilização do **Fifo** (*first in, first out*), ou **Peps** (primeiro que entra, primeiro que sai), evitando que o armazém se torne um depósito de itens obsoletos ou defeituosos;
- racionalizar a movimentação dentro do armazém, visto que se sabe, exatamente, em qual endereço o item será armazenado ou de qual será retirado;
- direcionar a lista do separação dos produtos, promovendo um roteiro inteligente no armazém.

Embalagens e unitização

Embalagens têm a função de proteger o produto e facilitar as operações de manuseio e transporte de produtos. Dessa maneira, a embalagem pode ser tratada pela área industrial e pode ser tratada pela área do *marketing*. Dependendo do enfoque, a embalagem terá objetivos diferentes: se o enfoque for o *marketing*, a embalagem será desenvolvida visando ao consumidor; se o enfoque for a área industrial, a embalagem será desenvolvida visando à logística.

As embalagens com enfoque logístico são pensadas e desenvolvidas para facilitar e trazer maior eficiência e eficácia às operações logísticas. Caso a embalagem não cumpra com esses objetivos, o desempenho dos processos logísticos é afetado e, consequentemente, o atendimento ao cliente e o faturamento da empresa. Isso é possível porque a embalagem impacta os custos logísticos tanto da empresa quanto da sua rede de suprimentos.

As **embalagens** devem ser capazes de movimentar e/ou transportar uma quantidade significativa de produtos de forma segura e adequada. Normalmente, os produtos são agrupados em caixas de papelão, recipientes plásticos, tambores, fardos, barris, entre outros. Ademais, a embalagem traz consigo uma comunicação silenciosa. Essa comunicação silenciosa é um apelo mercadológico que a embalagem logística também possui, mesmo que em menor intensidade quando comparada à embalagem de *marketing*.

A **carga unitizada** é um tipo de embalagem que une vários volumes menores em uma única unidade. Podemos dizer também que é a transformação de unidades simples em unidades múltiplas. A carga unitizada busca melhorar o aproveitamento dos espaços de armazenamento, alocando maior quantidade de produtos em um mesmo espaço. Além disso, é capaz de possibilitar a movimentação e o transporte de maior quantidade de produtos por viagem. Para utilizar a carga unitizada, a empresa precisa ter os equipamentos de movimentação, pois as unidades unitizadoras transformam as operações em algo mais complexo e pesado, como o palete e o contêiner.

As dimensões dos paletes são variadas. Entretanto, no Brasil, há um padrão econômico de palete que recebe a denominação de *palete PBR* (padrão Brasil). O palete PBR tem as dimensões de 1 m x 1,20 m. A utilização do palete PBR na movimentação e no transporte irá possibilitar eficiência logística, pois tende a melhorar a ocupação do caminhão ou contêiner. A Figura 5.6 reproduz o palete PBR e suas dimensões.

FIGURA 5.6 – PALETE PBR

0,15

Arthur Salimullin/Shutterstock

5.3.3 CONTROLE DE ESTOQUES

Estoque é a diferença da entrada e da saída de materiais. As entradas de materiais no estoque acontecem por meio da nota fiscal (NF), a qual contém as informações sobre a descrição do material, seu código, sua quantidade, sua unidade de medida, seu valor unitário e o seu total, o fornecedor, entre outras informações que precisam ser controladas pelo gestor e inseridas em alguma ferramenta de controle.

| **Controle e custos de formação de estoques**

Grande parte das empresas utiliza *softwares* especializados que fazem a gestão do estoque, genericamente denominados *Sistema de Gerenciamento de Armazéns* (WMS).

O registro da nota fiscal no estoque irá gerar os controles financeiro e contábil. Enquanto o produto estiver no estoque da empresa, ele deverá constar nos registros do estoque. Isso significa que a empresa possui aquele item disponível para futuras vendas ou consumo interno.

Ao receber uma necessidade de consumo ou venda de um item que está em estoque, a empresa precisa emitir uma ordem de separação (OS). A OS é um documento interno que solicita a retirada do item e suas quantidades e contém as seguintes informações: código do item, descrição do item, quantidade a ser separada, endereço do item no armazém, entre outras. Caso a empresa tenha um sistema informatizado, a ordem de separação é gerada por esse sistema.

Após a separação do produto, é comum haver uma conferência dessa atividade. Caso a separação esteja correta, é feita a embalagem e o faturamento dos itens (no caso de venda). No caso de consumo interno, não há faturamento, mas há o envio e a movimentação do material entre armazéns (ou entre os tipos de estoque que estudamos). Ao emitir a nota fiscal de venda, os itens separados são retirados do estoque e, ao movimentar o material entre armazéns, eles também são retirados de um estoque e inseridos em outro.

A Figura 5.7 ilustra esse fluxo de atividades, documentos e sistema informatizado no estoque de uma empresa.

FIGURA 5.7 – FLUXOGRAMA ILUSTRATIVO DOS PROCESSOS E ATIVIDADES DE ESTOQUE

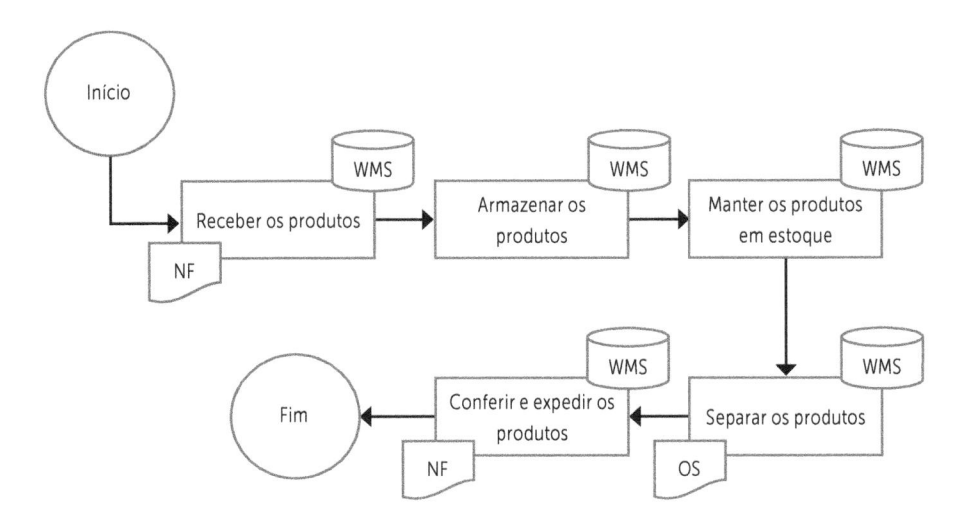

[Fluxograma: Início → Receber os produtos (NF, WMS) → Armazenar os produtos (WMS) → Manter os produtos em estoque (WMS) → Separar os produtos (WMS, OS) → Conferir e expedir os produtos (WMS, NF) → Fim]

| Custos e controle de estoque

Iremos considerar que os custos são valores gastos no processo produtivo de bens e/ou serviços. Os custos em uma empresa podem ser classificados em *custos diretos* e *custos indiretos*. Os **custos diretos** são aqueles que estão diretamente relacionados com o produto ou serviço que está sendo ofertado pela empresa. Como exemplo, temos a mão de obra utilizada na produção e/ou no serviço prestado. Já os **custos indiretos** têm a sua parcela de contribuição para a produção e/ou no serviço, mas temos dificuldade de atribuí-la diretamente à unidade produzida. Como exemplos, temos os gastos com manutenções de máquinas e de equipamentos.

| Valoração dos estoques

A preocupação com os valores monetários do estoque, ou com o valor financeiro investido no estoque, é importante e essencial no ambiente das empresas porque uma imobilização de recursos em estoque maior do que a capacidade financeira da empresa pode levá-la à falência. Esse extremo pode ocorrer porque o capital da empresa estará investido em produtos e não haverá recurso suficiente para seu capital de giro.

Para controlar os valores monetários do estoque, sua gestão avalia o valor investido em produtos (adquiridos e/ou produzidos) em um intervalo de tempo, que pode ser mensal, bimestral, semestral, entre outros. Conforme Pozo (2010, p. 76):

> Os fatores que justificam a avaliação de estoque são:
>
> a. assegurar que o capital imobilizado em estoques seja o mínimo possível;
> b. assegurar que estejam de acordo com a política da empresa;
> c. garantir que a valorização do estoque reflita exatamente seu conteúdo;
> d. o valor desse capital seja uma ferramenta de tomada de decisão;
> e. evitar desperdícios como obsolescência, roubos, extravios etc.

Assim, a valoração do estoque tem como objetivo oferecer ao gestor informações precisas e atuais da avaliação financeira dos produtos em estoque na empresa. Essa valorização é baseada nos preços dos produtos que estão em estoque. Os métodos utilizados para essa valorização são:

- custo médio;
- Peps (primeiro a entrar, primeiro a sair) ou Fifo (*first in, first out*).

O método do custo médio baseia-se na aplicação dos custos médios em lugar dos custos efetivos. Os valores finais de saldo são dados pelo preço médio dos produtos. A avaliação por esse método é a mais frequente, pois seu procedimento é simples e, ao mesmo tempo, age como um moderador de preços, eliminando as flutuações que possam ocorrer. O exemplo do custo médio pode ser visto na Tabela 5.3.

Como você já deve ter concluído, os métodos Peps e Fifo respeitam a cronologia das entradas e saídas dos produtos no estoque. Assim, sempre que ocorrer uma saída de produtos, a sua baixa ocorrerá de acordo com a(s) data(s) de entrada(s) desse produto na empresa: o primeiro que entrou será o primeiro a ser baixado contabilmente.

Fisicamente, a empresa opta por utilizar, ou não, o Fifo, contudo, se o método de valorização do estoque for determinado pelo Fifo, contabilmente, o primeiro lote a entrar será o primeiro lote a ser consumido.

Assim, a valorização dos itens em estoque será com base no mais antigo. O exemplo pode ser visto na Tabela 5.4. Para demonstrar a diferença no resultado entre esses dois métodos de valorização, iremos simular uma mesma movimentação de estoque: considere determinada marca de chocolate, vendido em unidades, e sua movimentação em um período de um ano.

TABELA 5.4– DESENVOLVIMENTO DE COMPARAÇÃO ENTRE OS MÉTODOS DE VALORAÇÃO DO ESTOQUE

	Data	Qtd.	Qtd. acumulada	Custo unitário	Custo total	Custo acumulado
Estoque	31/01/2019	100	100	12,00	1.200,00	1.200,00
Compras	01/02/2019	200	300	12,45	2.490,00	3.690,00

Venda	250 unidades		

Método	Qtd.	Custo	Total		Valor do estoque
Fifo	100	12,00	1.200,00		3.690,00
	150	12,45	1.857,50		3.067,50
Total	250	12,27	3.067,50		622,50
Custo médio	Qtd.	Custo	Total		Valor do estoque
	100	12,00	1.200,00		3.690,00
	200	12,45	2.490,00		3.075,00
Total	300	12,30	3.690,00		615,00
	-250	12,30	3.075,00		
	50	12,30	615,00		

Atente que havia um estoque de 100 chocolates em 31/01/19 e entraram mais 200 chocolates em 01/02/19, totalizando um estoque acumulado de 300 chocolates. O custo dos 100 chocolates, em 31/01/19, era de R$ 1.200,00 – já que o custo individual de cada chocolate era de R$ 12,00. Por sua vez, o custo dos chocolates recebidos em 01/02/19 era de R$ 3.690,00 – já que o custo individual de cada chocolate aumentou para R$ 12,45.

Ao vender 250 chocolates em uma ação promocional, podemos perceber a diferença entre os métodos de valorização do estoque:

- A primeira valorização está acontecendo pelo método contábil Fifo. Note que os 100 chocolates que estavam em estoque no dia 31/01/19 **são os primeiros a serem baixados, seguidos das 150 peças que entraram** em 01/02/19, totalizando 250 peças.
- A segunda valorização está acontecendo pelo método do custo médio. Nesse tipo de valorização, a data de entrada dos itens independe, pois consideramos o total para fazer a baixa e o custo médio.

Ao lado de cada cálculo, temos a coluna *Valor do estoque*. Note que o mesmo saldo de item – 50 chocolates – tem diferente valorização contábil do estoque. No método Fifo, o estoque é valorizado em R$ 622,50 e, no método do custo médio, a valorização é de R$ 615,00.

Você deve estar concluindo, então, que o melhor método a ser utilizado é o custo médio. Assim, diante da pequena vantagem do custo médio, esse método torna-se o mais utilizado pelas empresas.

SÍNTESE

Assim como as redes de suprimentos precisam estar alinhadas para alcançarem os resultados e ter bom desempenho na competição no mercado, a logística, que é a sua base, também precisa estar sincronizada, dentro e fora das empresas, para dar as melhores respostas aos clientes.

Como você verificou neste capítulo, é um conjunto de processos que precisam estar alinhados em torno de um objetivo comum e maior do que o alcance de resultados imediatos. Tudo isso inicia-se pelos processos relativos às compras e à entrada de materiais.

6

LOGÍSTICA DA PRODUÇÃO

CONTEÚDOS DO CAPÍTULO:

- O papel das estratégias de produção para melhor desempenho da logística e das redes de suprimentos.
- As decisões da produção e seu efeito na integração dos processos internos e nas redes de suprimentos.

APÓS O ESTUDO DESTE CAPÍTULO, VOCÊ SERÁ CAPAZ DE:

1. entender o papel da produção no posicionamento das empresas em redes de suprimentos;
2. analisar os principais processos e alternativas para aumentar o desempenho da produção, melhorando os resultados da empresa;
3. compreender a importância e idealizar práticas de integração da logística nas redes de suprimentos.

6.1 O SUBSISTEMA DE PRODUÇÃO

O subsistema de produção utiliza-se dos materiais disponibilizados pelo subsistema de suprimentos para dar início ao processo de criação de valor do produto final – o valor da forma. Para tanto, racionaliza o processo definindo os materiais mais adequados; as quantidades a serem produzidas, ponderando demanda de mercado e economicidade de produção; o prazo para o desenvolvimento das atividades; a melhor disposição dos equipamentos e estações de trabalho (*layout*) para aumentar a produtividade; os atributos de qualidade em termos de desempenho, estética, conformidade, segurança e confiabilidade; as atividades a terceirizar ou internalizar; os critérios para o estabelecimento das filas e o posicionamento dos pedidos (primeiro a entrar, primeiro a ser atendido; menor tempo de atendimento; prioridade para emergências etc.).

Sempre guiada pelo critério de desempenho das operações que já conhecemos – custo, qualidade, confiabilidade, rapidez e flexibilidade –, a produção objetiva responder às necessidades do mercado, dando suporte às estratégias da empresa. Dessa forma, são processos típicos do subsistema de produção:

- criar planejamento dos recursos;
- programar e executar a produção;
- gerenciar estoque de produtos em processo;
- colaborar com fornecedores;
- programar e executar a manutenção;
- apoiar o desenvolvimento de novos produtos;
- apoiar e implementar mudanças na fabricação do produto ou no processo de serviço de entrega.

Podemos dizer que a produção é definida por quatro questões básicas que norteiam suas ações e definem o seu desempenho dentro das estratégias do negócio, que são:

1. Estratégia e planejamento da produção.
2. Estratégica da terceirização.

3. Administração da produção.
4. Gestão da qualidade.

Na sequência, veremos cada uma dessas questões de forma mais detalhada.

6.2 ESTRATÉGIA E PLANEJAMENTO DA PRODUÇÃO: PRODUÇÃO PUXADA OU EMPURRADA?

As estratégias de planejamento e de produção são definidas de acordo com alguns critérios, como os custos de produção, a necessidade de rapidez de resposta ao cliente e o nível de customização. Quando o interesse é a redução dos custos de produção, o foco é o custo unitário, ou seja, o custo total de produção em relação à quantidade produzida, que é o custo de produção de cada unidade. Nesse caso, a produção é orientada para grandes lotes, antecedendo a pedidos efetivos dos clientes. O custo é o foco, pois, à medida em que a quantidade produzida aumenta, embora o custo total suba em razão da soma dos custos fixos e variáveis, o custo total por unidade produzida é decrescente, motivado pelo rateio dos custos fixos entre as quantidades produzidas (R$ por unidade produzida).

A Tabela 6.1 ilustra uma situação de custos unitários decrescentes. Observe-a.

TABELA 6.1 – ILUSTRAÇÃO DO COMPORTAMENTO DOS CUSTOS DE PRODUÇÃO

Quantidades	Custo fixo	Custo variável (R$ 87,00/unidade produzida)	Custo total	Custo unitário R$/unidade produzida
200	R$ 10.000,00	R$ 17.400,00	R$ 27.400,00	R$ 137,00
250	R$ 10.000,00	R$ 21.750,00	R$ 31.750,00	R$ 127,00
300	R$ 10.000,00	R$ 26.100,00	R$ 36.100,00	R$ 120,33
350	R$ 10.000,00	R$ 30.450,00	R$ 40.450,00	R$ 115,57
400	R$ 10.000,00	R$ 34.800,00	R$ 44.800,00	R$ 112,00
450	R$ 10.000,00	R$ 39.150,00	R$ 49.150,00	R$ 109,22
500	R$ 10.000,00	R$ 43.500,00	R$ 53.500,00	R$ 107,00

(continua)

(Tabela 6.1 – conclusão)

Quantidades	Custo fixo	Custo variável (R$ 87,00/unidade produzida)	Custo total	Custo unitário R$/unidade produzida
550	R$ 10.000,00	R$ 47.850,00	R$ 57.850,00	R$ 105,18
600	R$ 10.000,00	R$ 52.200,00	R$ 62.200,00	R$ 103,67

A razão para a produção ocorrer sem a colocação efetiva dos pedidos pode estar na orientação da necessidade de disponibilidade imediata para consumo. Os itens de consumo são exemplos típicos. Imagine se você entrasse em um supermercado e tivesse de fazer os seus pedidos para ir buscar posteriormente. Não dá para imaginar, não é mesmo? Tem que estar tudo disponível nas prateleiras. Para a compra de remédios, nem pensar!

Esses são casos típicos em que o cliente não espera e quer disponibilidade imediata. O varejo fará as suas encomendas periodicamente, considerando certa previsão, mas as suas vendas se concretizam diariamente. E, nesse dia a dia, não pode haver falta de produtos (*stock-out*). Os fornecedores, os fabricantes de sabão em pó, bolachas, bebidas, material de limpeza etc. produzirão em grandes lotes para atender ao varejo, a fim de que estes minimizem os riscos de ocorrência de *stock-out* em suas lojas. Quanto maiores os lotes, menores os custos unitários!

Essa é a chamada **estratégia de produção empurrada**, cuja característica é a mobilização dos recursos para as atividades de produção e posterior movimentação para o mercado, mesmo antes da ocorrência de um pedido formal do cliente.

No outro extremo, empresas podem definir estratégia de produção baseada na mobilização dos recursos para as atividades de produção e posterior movimentação para o mercado somente **após a ocorrência de um pedido** do cliente ou a visualização clara da demanda. É a estratégia de produção **puxada**. Essa estratégia é adequada nas situações em que os produtos têm alto nível de customização, de perecibilidade ou são de altíssimo custo. Por exemplo, móveis sob medida, comida em restaurantes e a produção de aviões.

Para a **produção empurrada**, quanto melhor a **previsão da demanda**, melhores são os resultados do negócio. A sincronia entre a produção e a demanda futura eximirão a empresa da ocorrência de formação de estoques e necessidade de promoções no mercado. Imagine como é difícil programar a produção de roupas para determinada estação!

No caso da **produção puxada**, o maior problema potencial de gestão do negócio é o **controle dos custos**. Já que o aumento da quantidade produzida está fora do controle para procurar atingir o custo mínimo porque se esperam encomendas, os custos com formação de estoques de materiais são alvo das tentativas de maior eficácia de controle. Como a previsão da demanda é mais difícil nesse caso, pois os produtos são customizados, é necessário ter estoque de materiais para poder atender às demandas, que são imprevisíveis. Parcerias com fornecedores podem apoiar estratégias de redução de custos. Mais à frente, você conhecerá como isso ocorre.

Mas muitas empresas praticam fluxos híbridos, isto é, com base no conhecimento da demanda passada, antecipam uma parte da produção. Por exemplo, a empresa produz, por conta própria, sem pedido colocado, o equivalente a 30% das vendas médias dos últimos meses. O restante da produção do mês espera a entrada dos pedidos.

Quando se considera a implementação dessas estratégias, é preciso avaliar a existências das **fronteiras** dos formatos dos fluxos na cadeia, conforme ilustrado na Figura 6.1. Como a estratégia de produção empurrada exige programação da produção em lotes, é possível utilizar mecanismos de governança com os fornecedores que possibilitem maior proximidade, de forma que estes preparem as entregas considerando as informações da produção (Figura 6.1–A).

Nesse caso, os fornecedores podem trabalhar com produção puxada, programando-se com as informações do cliente e proporcionando economias para a rede ao reduzirem necessidades de estoques dos clientes.

Dessa forma, os processos de seleção e avaliação dos fornecedores são fundamentais para que a empresa se aproprie dos custos dos estoques menores, sem a incorrência de custos de paralisação da produção por falta de itens.

FIGURA 6.1 – FRONTEIRAS DOS FORMATOS NA CADEIA

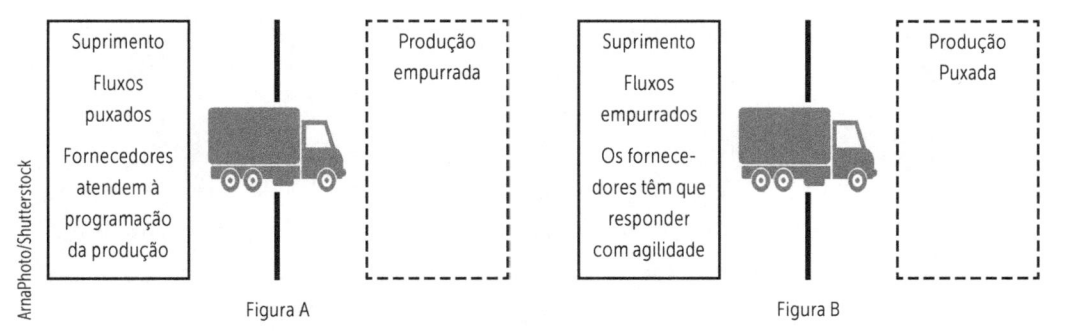

Suprimento Fluxos puxados Fornecedores atendem à programação da produção		Produção empurrada	Suprimento Fluxos empurrados Os fornecedores têm que responder com agilidade		Produção Puxada
	Figura A			Figura B	

ArnaPhoto/Shutterstock

Na outra situação, Figura 6.1–B, a estratégia de produção puxada precisará do suporte de fornecedores com produção empurrada para ter mais agilidade na resposta. Os fornecedores, ou os seus distribuidores, arcarão com a responsabilidade de formar estoques para aguardar a entrada dos pedidos. Novamente, os processos de seleção e avaliação dos fornecedores têm alta relevância para que a empresa não seja obrigada a formar estoques de itens de demanda de difícil previsão.

Assim, você deve entender que produção empurrada pode ser suprida por fornecedores com estratégia de produção puxada, enquanto aqueles com estratégia de produção empurrada devem estar associados aos clientes que têm estratégia de produção puxada.

Sequências similares de estratégias numa rede produzem desempenho que implica perda de competitividade, como ilustra a Figura 6.2. Se todos clientes e fornecedores aguardarem os pedidos chegarem para, então, começar a produzir cada um o seu item, o tempo será longo demais, ou seja, puxado + puxado = prazo longo.

FIGURA 6.2 – ERROS NAS ESTRATÉGIAS DAS CADEIAS CONSIDERANDO AS FRONTEIRAS DOS FORMATOS

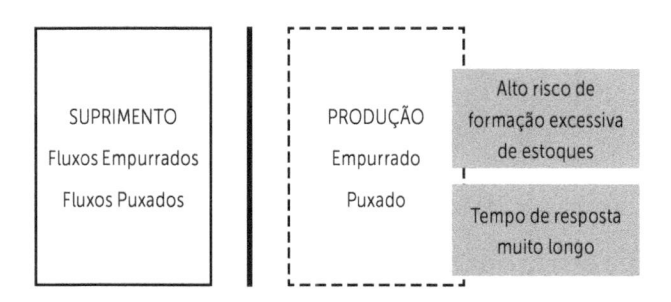

SUPRIMENTO	PRODUÇÃO	
Fluxos Empurrados	Empurrado	Alto risco de formação excessiva de estoques
Fluxos Puxados	Puxado	Tempo de resposta muito longo

Todavia, se todos produzem grandes lotes mirando atingir, primeiramente, o custo mínimo de produção, o resultado pode ser uma formação excessiva de estoques, o que é um indicador importante de desempenho de uma rede.

6.3 *MAKE OR BUY?*: USO ESTRATÉGICO DA TERCEIRIZAÇÃO

As empresas estão sempre avaliando a conveniência e a economicidade de desenvolver, internamente, determinados processos, materiais e produtos ou adquiri-los de fornecedores. As primeiras preocupações a respeito das decisões da estratégia de produção própria ou terceirização foram registradas há muito tempo, por John Dewey, em 1910. Em tese, há vantagens e desvantagens em cada estratégia, conforme a Figura 6.3 procura apontar.

FIGURA 6.3 – VANTAGENS E DESVANTAGENS DAS ESTRATÉGIAS DA PRODUÇÃO PRÓPRIA E DA TERCEIRIZAÇÃO

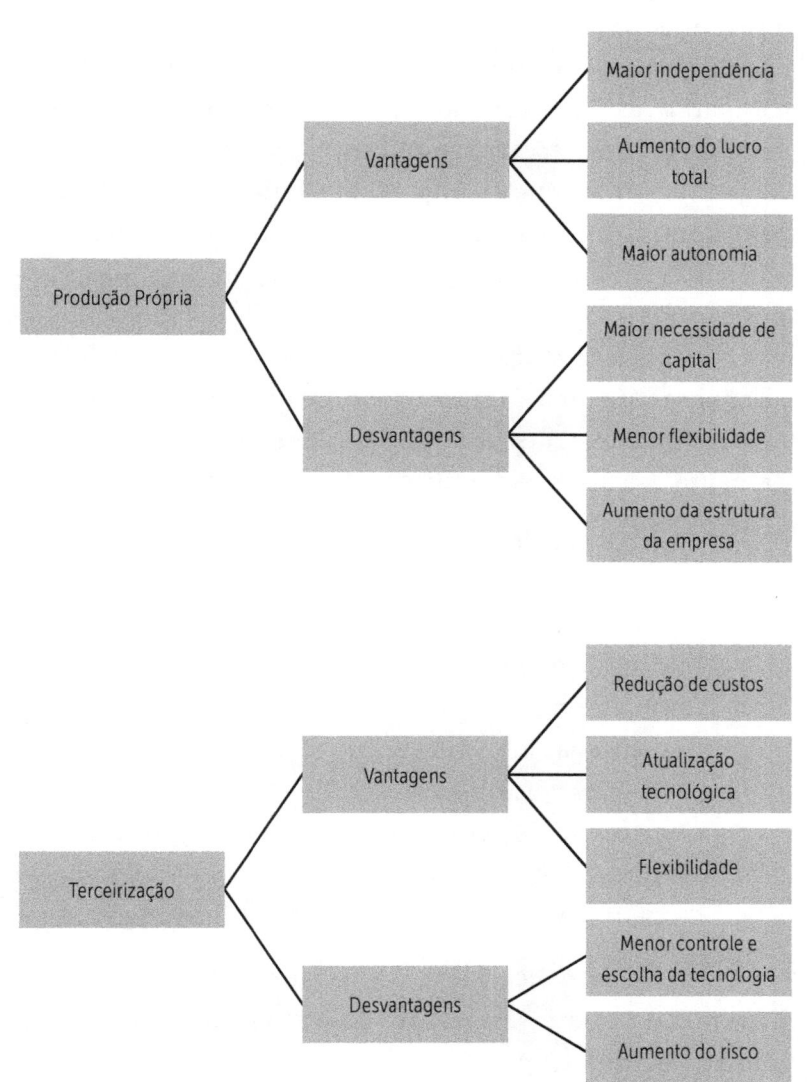

Produção Própria
- Vantagens
  - Maior independência
  - Aumento do lucro total
  - Maior autonomia
- Desvantagens
  - Maior necessidade de capital
  - Menor flexibilidade
  - Aumento da estrutura da empresa

Terceirização
- Vantagens
  - Redução de custos
  - Atualização tecnológica
  - Flexibilidade
- Desvantagens
  - Menor controle e escolha da tecnologia
  - Aumento do risco

Para uma decisão mais acertada, a empresa deve estar atenta à real situação que precisa ser analisada. Quando o critério de decisão é o custo, muitas vezes, a análise comparativa não leva em conta igualmente todos os custos nas situações comparativas. Por exemplo, para definir o uso de frota própria ou frota terceirizada, é muito comum nos depararmos com situações em que a comparação é feita entre o frete pago pelo serviço terceirizado e apenas o custo variável da frota própria, levando a decisões equivocadas em favor de estruturação da frota.

Por isso, todos os custos relevantes devem ser incluídos na análise para uma decisão correta, incluindo os de produção e de compra. Isso quer dizer que se deve considerar, adequadamente, os custos da produção interna, pontuando custos:

- de produção do item;
- de manutenção de estoques adicionais;
- diretos de mão de obra;
- indiretos adicionais de produção;
- dos materiais;
- das entregas e dos recebimentos dos materiais;
- gerenciais adicionais.
- decorrentes de perda de qualidade e desperdício;
- adicionais de compras;
- de capital adicionais para investimento e de giro.

Nesse caso, boa parte dos custos têm característica incremental, isto é, são gerados pela atividade de produção interna. Se uma empresa, atualmente, não tiver capacidade para produzir o item, os custos incrementais incluirão os custos variáveis mais a parte integral da despesa fixa alocada para a produção, porém apenas os custos variáveis serão considerados, caso a empresa tenha excesso de capacidade.

Entretanto, os custos de comprar precisam contemplar:

- o preço de compra do item;
- os custos com transporte;
- os custos de recebimento e inspeção;

- os custos adicionais com a estrutura de compras;
- quaisquer outros custos decorrentes da perda de qualidade ou do serviço.

Vários são os fatores que podem auxiliar a tomada da melhor decisão, além do custo comparativo de produzir ou adquirir. Falta de experiência interna, necessidade de pequenas quantidades e baixa criticidade também podem induzir empresas a terceirizar processos e a produção de itens, enquanto a existência de capacidade de produção ociosa, maior controle de qualidade, proteção de tecnologia ou falta de disponibilidade ou de nível de competência adequada de fornecedores podem justificar que a empresa se dedique à produção de itens.

A maior adesão das empresas ao conceito de manufatura enxuta aumentou a terceirização. As encomendas se intensificaram e tendem a atingir módulos ou subconjuntos, em vez de peças, e a terceirização se diversifica de atividades que variam de logística a serviços administrativos. O conceito de **classe mundial**, desenvolvido por David Burt, Donald Dobler e Stephen Starling, preconiza que uma empresa terceirize todos os itens que não se encaixam em uma das três categorias a seguir:

1. O item é crítico para o sucesso do produto, incluindo a percepção do cliente sobre atributos importantes deste.
2. O item requer habilidades e equipamentos de projeto e fabricação especializados e o número de fornecedores capazes e confiáveis é extremamente limitado.
3. O item se encaixa bem dentro das principais competências da empresa ou dentro daquelas que a empresa deve desenvolver para cumprir os planos futuros.

Itens que se encaixam em uma dessas três categorias são considerados de natureza estratégica e devem ser produzidos internamente, se possível.

No plano operacional, você deve entender que a produção própria deve ocorrer quando:

- incorrer em menor custo do que comprar;
- houver oportunidade de integrar operações, como desenvolver um setor de metalurgia dentro do negócio para dar suporte ao desenvolvimento de outras competências;
- a capacidade da planta para ajudar a absorver as despesas gerais fixas (usando a capacidade ociosa existente) for excessiva;
- houver maior controle de qualidade;
- existir pressão sindical;
- os prazos forem longos ou as condições do fornecedor forem insatisfatórias.

Em contrapartida, a terceirização deve ocorrer operacionalmente quando:

- for mais barato comprar;
- faltar experiência e conhecimento na produção;
- as instalações de produção forem limitadas ou a capacidade for insuficiente;
- houver preferência de marca.

6.4 SISTEMAS DE ORGANIZAÇÃO DA PRODUÇÃO: PROGRAMAÇÃO DA PRODUÇÃO E FILAS

A produção é organizada com base nos estímulos das vendas e no suporte da disponibilidade de materiais. Uma primeira questão estratégica que envolve as decisões de produção tem a ver com o momento de os processos ocorrerem. Como você já sabe, a produção pode ser orientada para fluxos **empurrados**, isto é, quando a mobilização dos recursos para as atividades de produção e posterior movimentação para o mercado acontece mesmo **antes da ocorrência de um pedido** formal do cliente, ou para fluxos **puxados**, quando a estratégia de produção está baseada na mobilização dos recursos para as atividades de produção e posterior movimentação para o mercado somente **após a ocorrência de um pedido** do cliente, ou visualização clara da demanda.

Para dar suporte às estratégias, puxada ou empurrada, as empresas precisam de instrumentos complementares para minimizar interrupções, erros, falta ou sobra de materiais, em busca da manutenção de altos níveis de produtividade, que é o caminho da manutenção de custos mais baixos e da qualidade. É o que se refere, em geral, ao planejamento e controle de produção (PCP).

O PCP é um conjunto de planos que orientam a produção e os instrumentos para o seu controle. O objetivo principal do PCP é otimizar a aplicação dos recursos humanos e materiais de modo a atender aos requisitos dos clientes ou do mercado, apoiando as decisões sobre **o que**, **quanto**, **quando**, **onde** e **como vai ser produzido**, bem como **o que**, **quanto** e **quando comprar** os insumos para a produção.

Naturalmente, o desempenho do PCP é orientado pelos critérios de desempenho clássicos – custo, qualidade, confiabilidade, rapidez e flexibilidade –, e estes se tornam a meta principal de todos os processos. São insumos importantes para o PCP as previsões da demanda, o dimensionamento das capacidades de cada equipamento e dos recursos gerais necessários, bem como o planejamento das paradas de máquinas e equipamentos para manutenção.

Com relação a etapas, após o conhecimento da demanda e das capacidades internas, o PCP deve estabelecer o **sequenciamento das operações**, definindo as prioridades (a ordem) segundo as quais as atividades devem ocorrer num sistema de operações no intuito de atingir um conjunto de objetivos de desempenho.

Num segundo momento, fazemos a **definição da programação das operações**, que consiste em alocar no tempo as atividades, obedecendo o sequenciamento definido e o conjunto de restrições considerado. E, finalmente, **estabelecer o**

controle de operações, coletando e analisando informações realimentadas do desempenho efetivo de um dado conjunto de funções ou processos, com intuito de monitorar e, sistematicamente, disparar ações úteis no caso de discrepâncias significativas entre o desempenho efetivo e o desempenho planejado, continuamente alterando, quando adequado, parâmetros ou políticas usadas nessas funções ou processos.

6.4.1 FILA NA PRODUÇÃO E A REDE PERT

O conhecimento dos processos e de sua duração permite estimar ociosidade, ocupação, eficiência, entre outros parâmetros de um determinado processo produtivo. Agrupados em uma sequência lógica de processos, esses prazos individuais formam o que pode ser denominado **diagrama de rede**. As principais características desse diagrama são revelar a sequência com que determinadas atividades devem ser executadas, quais podem ser executadas independentemente uma da outra e, fundamentalmente, programar caminhos críticos.

O caminho crítico permite apresentar o projeto em formato gráfico relacionando suas atividades individuais, de maneira que o foco de atenção recaia sobre as atividades críticas para o processo produtivo. Nesse caso, *crítico* é o caminho que consome mais tempo por meio da rede de atividades e processos para um produto ou família de produtos.

As estimativas de tempo para as atividades podem ser agrupadas em redes Pert (*Program Evaluation and Review Technique*) e CPM (*Critical Path Method*), dependendo da natureza das estimativas ser **probabilística** (para redes Pert) ou **determinística** (para redes CPM).

Daremos ênfase à rede Pert, que tem natureza probabilística, o que significa que os tempos estimados para as diversas atividades do processo estão sujeitos a variações.

Para definição de parâmetros que visam estimar o caminho crítico e o tempo nos processos produtivos, é comum a utilização de três estimativas de tempo: o tempo otimista, o mais provável e o pessimista. A primeira estimativa, **tempo**

otimista, considera o tempo mínimo no qual uma atividade pode ser concluída. A segunda, **tempo mais provável**, representa a melhor estimativa do tempo necessário para a conclusão da atividade. Já a estimativa **pessimista** se refere ao máximo de tempo no qual uma atividade pode ser concluída.

A seguir, serão apresentadas as estruturas de cálculo para estimativas de natureza probabilística.

6.5 GESTÃO DA QUALIDADE

O conceito de *qualidade* tem uma identidade com aquilo que entendemos ser bom. Um produto de qualidade é um produto bom, um serviço de qualidade de um cabelereiro é um corte de cabelo que satisfaça o cliente.

Contudo, para a logística, qualidade não tem a conotação da avaliação do produto, mas sim do processo. Qualidade em logística significa a busca pelo padrão e a redução de erros e de desperdícios. Dessa forma, a qualidade proporciona redução de custos e aumento da produtividade, com processos mais bem definidos. Isso quer dizer, fundamentalmente, que controles e inspeções no produto acabado não evitam o erro, apenas o apontam; logo, qualidade exige ações de prevenção.

6.5.1 FERRAMENTAS DA QUALIDADE

O programa de gestão da qualidade total (TQM) é um sistema de gerenciamento da qualidade que nos permite chegar até a qualidade esperada por meio de diversas ferramentas. Aqui, abordaremos algumas dessas ferramentas: PDCA, 5S, *kaizen*, diagrama de causa e efeito e fluxogramas.

> **PDCA** – *plan, do, check, act* **(planejar, executar, checar e agir)**

O ciclo PDCA é uma das ferramentas mais difundidas do TQM. Para demonstrar sua aplicação, comecemos analisando um processo produtivo de empresas que não fazem a gestão da qualidade. Esse processo está representado na Figura 6.4.

FIGURA 6.4 – PROCESSO PRODUTIVO SEM A GESTÃO DA QUALIDADE

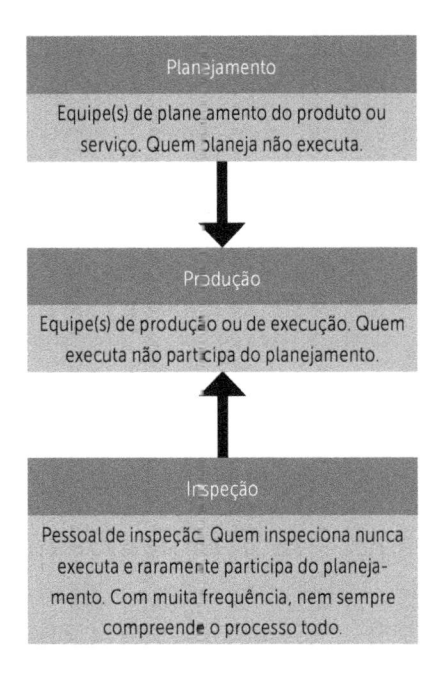

> **Planejamento**
> Equipe(s) de planejamento do produto ou serviço. Quem planeja não executa.
>
> ↓
>
> **Produção**
> Equipe(s) de produção ou de execução. Quem executa não participa do planejamento.
>
> ↑
>
> **Inspeção**
> Pessoal de inspeção. Quem inspeciona nunca executa e raramente participa do planejamento. Com muita frequência, nem sempre compreende o processo todo.

Fonte: Mello, 2011, p. 67.

Na Figura 6.4, observe que, em um processo produtivo usual, temos três etapas: o **planejamento da produção**, a **produção** e a **inspeção do produto produzido**. Nesse desenho, a qualidade está presente apenas no final do processo, quando há a inspeção do produto. Esse momento, em que há a preocupação com a qualidade, pode ser entendido como tardio, pois não foca na prevenção do problema, e sim na sua detecção, o que pode evitar que o produto defeituoso chegue até o cliente; contudo, não evita a geração de custos do processo produtivo.

Outro ponto que também podemos verificar na Figura 6.4 é que a produção está espremida entre o planejamento e a inspeção. Ela não participa de nenhuma dessas atividades e aparece como parte operacional do que é planejado e do que precisa ser corrigido. Portanto, a visão da produção, assim como do planejamento e da inspeção, é uma visão segmentada, não abrangendo a visão do processo.

O PDCA propõe analisar o processo com o objetivo de trazer melhorias a sua execução. Essa intervenção pode acontecer no processo completo ou em qualquer atividade dele. Observe com atenção a Figura 6.5, na qual o ciclo PDCA está demonstrado:

FIGURA 6.5 – CICLO PDCA

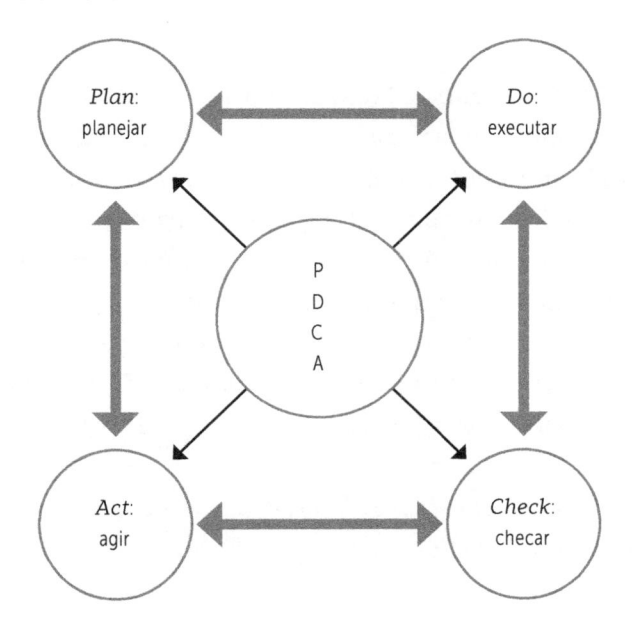

```
        Plan:                    Do:
       planejar                executar

                   P
                   D
                   C
                   A

        Act:                   Check:
        agir                   checar
```

Fonte: Mello, 2011, p. 68.

A Figura 6.5 demonstra que o PDCA não utiliza os isolamentos departamentais que foram visualizados na Figura 6.8, mas busca agir de forma conjunta nas atividades que englobam um processo. Ao aplicar o PDCA em uma empresa, as ações propostas pela ferramenta são:

- **Plan – Planejar**: Definir o que a empresa deseja e como fará para alcançar esse desejo.
- **Do – Executar**: Aplicar o planejamento feito, com o cuidado de analisar e mensurar cada etapa do processo (e não do produto).

- **Check – Checar**: Examinar os dados coletados das etapas do processo e compará-los com os objetivos pretendidos. Caso os resultados não estejam adequados aos objetivos pretendidos, verificam-se os desvios e são propostas alterações.
- **Act – Agir**: Realizar as mudanças propostas na etapa anterior e voltar ao planejamento para corrigir as metas e/ou os métodos estipulados.

5S

O **5S** foi criado no Japão após a Segunda Guerra e é uma ferramenta utilizada para promover a qualidade nas organizações. Há dois pontos muito importantes que embasam o 5S: a organização e a limpeza. Os japoneses, "pais" da ferramenta, acreditam que um ambiente organizado e limpo favorece a competitividade e a qualidade do produto.

Essa ferramenta é explicada em cinco passos, que buscam embasar o desenvolvimento da qualidade, são eles: *seiri* (organização), *seiton* (arrumação), *seiso* (limpeza), *seiketsu* (manutenção) e *shistsuke* (disciplina).

Sua aplicação irá demandar uma mudança comportamental dos trabalhadores da empresa. Analisando os cinco passos, temos:

Seiri (organização)

Imagine-se preparando o ambiente de estudo na sua casa. A cada dia, você planeja estudar duas disciplinas diferentes, com isso, precisa, a cada início dos estudos, organizar o seu espaço para que ele seja produtivo e acolhedor.

Consideremos que, no dia anterior, você finalizou seus estudos altas horas da noite e não teve ânimo para organizar todo o material usado nos estudos daquele dia. Sobre a mesa, estavam papéis de rascunho, impressões de *sites*, apostilas, livros, entre outros. Reflita sobre as duas situações a seguir:

- 1ª situação: antes de iniciar o estudo, você limpa e organiza o espaço. Isso quer dizer que você irá separar todo o material que será útil para o estudo daquele dia. O material que não será utilizado naquele dia poderá ser guardado para estudos futuros ou, no caso de o material não ser mais necessário, ser descartado.
- 2ª situação: você inicia os estudos colocando toda a papelada em um espaço da mesa. À medida que você necessita de um material misturado àquela papelada, você interrompe o seu estudo, se debruça no material (ou na papelada ao lado) e localiza o item que precisa estudar naquele momento.

Qual das duas situações demonstra a aplicação do *seiri* (organização)?

Dessa forma, o *seiri* (organização) nos orienta a ter à mão o que é necessário. No exemplo dado, devemos separar e organizar por assunto os papéis que possuímos. Aqueles documentos que não têm mais utilidade devem ser descartados, mesmo que haja, em sua casa, espaço para armazená-los. Assim também deve ser feito pelas empresas, ao identificar produtos, equipamentos ou objetos que não são mais úteis para a sua operação: ela deve descartá-los imediatamente. Essas ações são justificadas pelo espaço de armazenamento que está cada vez mais caro e raro.

| *Seiton* (arrumação)

Agora, você está nos 30 minutos de descanso do seu estudo diário e irá preparar um lanche. Ao chegar à cozinha, nota que os ingredientes que precisa para o lanche estão fora do lugar, isto é, o leite, o achocolatado, o açúcar e a manteiga não estão no lugar em que, habitualmente, ficam. Essa troca de posicionamento dos produtos em sua casa irá gerar quais consequências para você durante os 30 minutos de descanso?

O *seiton* (arrumação) consiste na preocupação em manter os objetos em seus devidos lugares para que possam ser rapidamente localizados sempre que for necessário. Dessa maneira, haverá economia de tempo todas as vezes em que houver necessidade de buscar objetos, produtos, equipamentos ou documentos.

Nas empresas, o *seiton* (arrumação) permite que ocorra uma economia de tempo ao buscar um objeto e também pode evitar a compra em duplicidade, além de facilitar o controle de estoque. Ao "arrumar" cada coisa em seu lugar, você evita que objetos fiquem no meio do caminho e, assim, tende a diminuir os acidentes de trabalho.

Quando o objeto está no seu lugar e devidamente identificado, podemos:

- medir o tempo que gastamos para executar as tarefas;
- identificar em que momento há desperdício de tempo e produto;
- qual é o *layout* ideal para alocar os produtos e facilitar o trabalho;
- além de alertar sobre a necessidade de estoque e o seu custo.

Aqui, vale a máxima: se não há tempo de arrumar, por que bagunçar?

Seiso (limpeza)

Mello (2011, p. 148) afirma "Se um dia tiver a oportunidade de conhecer a fábrica da Caterpillar, em Piracicaba, no interior de São Paulo, ficará surpreso ao constatar que não há nenhuma mancha de óleo, nenhum resquício de poeira nem de nenhuma outra sujeira no chão ou nas bancadas de trabalho". Esse exemplo da Caterpillar ilustra a aplicação do terceiro passo: o *seiso*.

Seiso (limpeza) significa manter o ambiente de trabalho livre de sujeiras e poeiras. A sua aplicação minimiza a ocorrência de acidentes de trabalho e, ao mesmo tempo, conserva melhor os equipamentos, possibilitando detectar o mau funcionamento mais rapidamente.

Adicionalmente, as pessoas preferem trabalhar em ambientes limpos, melhorando, assim, as suas relações e produtividade na empresa.

| *Seiketsu* (manutenção)

O quarto passo tem relação com os três primeiros. Aqui, a preocupação é a manutenção da organização, arrumação e limpeza que foram implementadas anteriormente. Nesse passo, há uma preocupação com a higiene e com a saúde do trabalhador, para que o ambiente de trabalho fique saudável e harmonioso. Acreditamos que esses ambientes elevam a satisfação do trabalhador e a sua produtividade.

Ao falar em higiene, o âmbito vai além do asseio pessoal. Consideramos, na higiene, fatores que podem influenciar a saúde física e mental do trabalhador, como ruído, utilização adequada dos equipamentos de segurança, luminosidade do local de trabalho, sinalização de locais perigosos, condições ergonômicas para a realização das atividades etc.

| *Shistsuke* (disciplina)

O último passo está vinculado ao hábito ou à disciplina, isto é, fazer dos quatros primeiros passos uma rotina. É comum implantarmos um processo, mas não darmos sequência a sua aplicação por pura falta de hábito. Para que possamos utilizar o 5S em nossa rotina pessoal e profissional, precisamos ter os seus passos inseridos em nossos hábitos, em nossa rotina. Quando deixamos de seguir as etapas de um processo por indisciplina, facilitamos as não conformidades na qualidade e, ao mesmo tempo, aumentamos a ocorrência de acidentes de trabalho nas empresas. Por exemplo, se deixamos de armazenar o produto e o "esquecemos" no meio do corredor, aumentamos a possibilidade de acidente de uma empilhadeira ou até mesmo um operador colidir com esse objeto.

O 5S parece indicar passos óbvios e comuns em nosso dia a dia, certo? Talvez, na teoria, sim, mas a prática se apresenta de forma bem diferente. Ter a disciplina do 5S nos remete à mudança de comportamento significativa, que inicia em pequenas tarefas e, posteriormente, se reflete nas decisões sobre processos e atividades de trabalho. A metodologia 5S são passos fundamentais que irão facilitar a implantação do *kaizen*.

| *Kaizen*

O **kaizen** é uma filosofia que busca o aprimoramento permanente de processos e produtos; é o esforço constante pela qualidade. Esse conceito parte do pressuposto de que é preciso melhorar sempre – aqui estão incluídos pessoas, ambiente de trabalho e processos. Na filosofia *kaizen*, as melhores pessoas para fazer essa melhoria são aquelas que estão envolvidas nos ambientes e nos processos. Assim, as pessoas que estão vinculadas ao processo podem, em muitos casos, achar a melhor solução para os problemas relativos àquele processo.

Ao aplicarmos esse conceito, o que buscamos não é provocar uma revolução nos produtos e processos, e sim construir a qualidade passo a passo, de forma permanente e contínua. O aprimoramento constante de processos, pessoas e ambiente de trabalho levará automaticamente à qualidade.

Nesse conceito, vale a máxima: "o que é bom hoje pode não ser bom amanhã". Dessa forma, precisamos estar sempre buscando métodos diferenciados para trazer mais qualidade ao que estamos produzindo. Ao trabalhar com o *kaizen*, estamos também reduzindo problemas que podem estar gerando ou aumentando os custos. Isso quer dizer que, ao melhorarmos um processo, reduzindo uma etapa ou mesmo calibrando uma máquina, podemos estar diminuindo o desperdício e/ou o retrabalho. Essa redução terá um impacto positivo direto nos custos.

O *kaizen* não se apresenta como uma ferramenta, e sim como uma filosofia, podendo ser operacionalizada com base em diversos métodos que garantam a sua frequência na melhoria. É preciso que esse desejo de fazer cada dia melhor esteja norteando as atitudes de todos os funcionários da empresa. Essa inquietude será possível ao praticarmos, a todo o momento, o questionamento em torno dos produtos e processos, com o objetivo de identificarmos oportunidades de melhoria. Podemos dizer que estaremos sempre insatisfeitos com a forma que fazemos, sabendo que é possível fazer diferente e melhor.

Diagrama de causa e efeito

O **diagrama de causa e efeito** é também chamado de *diagrama de Ishikawa*, ou *espinha de peixe* (por causa do seu desenho). Ele é utilizado para demonstrar a relação das possíveis causas dos problemas quando um processo não gera os efeitos desejados. Nessa situação, então, buscamos as causas para explicar a falha no efeito. Para identificar essas causas, é comum utilizar os 6Ms: medição, materiais, mão de obra, máquinas, métodos e meio ambiente. Pode acontecer de não ser preciso utilizar todos os 6Ms para analisar as causas; as especificidades de cada processo é que direcionarão a quais desses aspectos deveremos analisar.

Para que um diagrama de causa e efeito demonstre, realmente, as percepções do todo, deve ser construído de maneira coletiva, com a participação de todos que integram o processo. Com esse cuidado, a possibilidade de uma causa ficar fora do desenho diminui significativamente. Como pode ser visto na Figura 6.6, um grande benefício do diagrama de Ishikawa é possibilitar o desdobramento da ramificação das causas até que seja possível chegar à origem do problema.

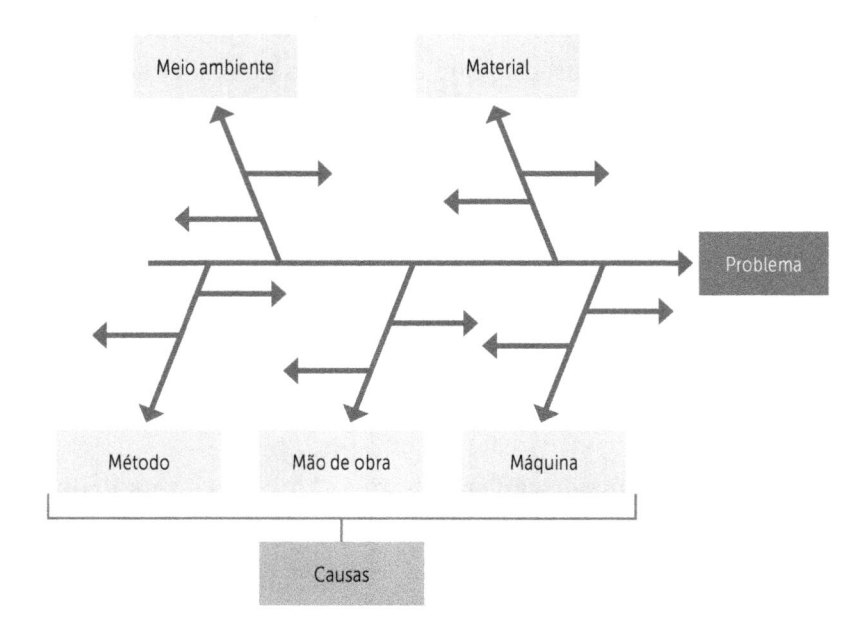

FIGURA 6.6 – REPRESENTAÇÃO DO DIAGRAMA ESPINHA DE PEIXE

Fluxogramas

O **fluxograma** é uma ferramenta muito utilizada na gestão das empresas e descreve os processos, por isso é muito útil ao controle da qualidade. Como você já sabe, o importante para a prevenção dos erros é controlar o processo e não o produto. Dessa forma, para controlar o processo, precisamos conhecê-lo. O fluxograma é a ferramenta certa para nos demonstrar o passo a passo do processo.

Para elaborar um fluxograma, utilizamos símbolos que são padronizados. Dessa maneira, qualquer pessoa que compreenda os símbolos saberá fazer a leitura e a interpretação do processo que está em forma de fluxograma.

A Figura 6.7 demonstra os principais símbolos utilizados no fluxograma.

FIGURA 6.7 – *SÍMBOLOS DO FLUXOGRAMA*

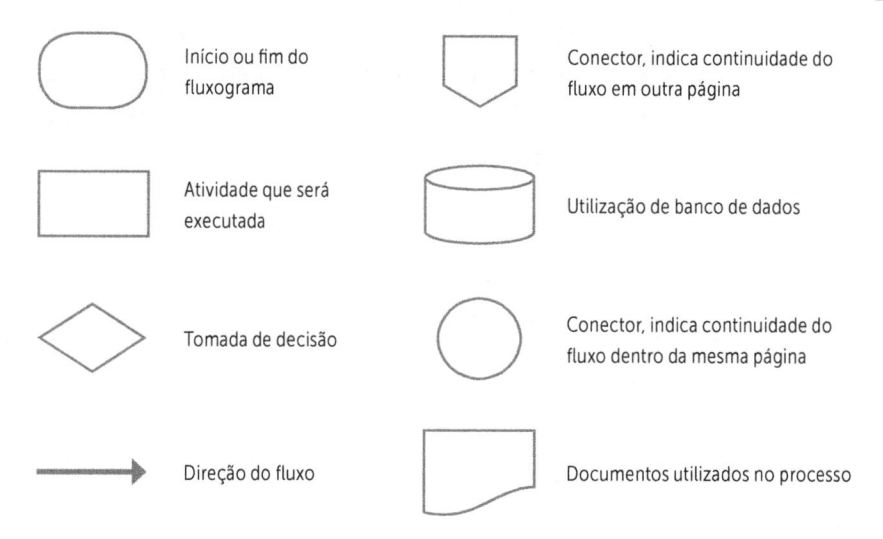

Símbolo	Descrição	Símbolo	Descrição
⬭	Início ou fim do fluxograma	⬠	Conector, indica continuidade do fluxo em outra página
▭	Atividade que será executada	⌭	Utilização de banco de dados
◇	Tomada de decisão	◯	Conector, indica continuidade do fluxo dentro da mesma página
→	Direção do fluxo	▱	Documentos utilizados no processo

O fluxograma apresenta a visão completa do processo e, ao mesmo tempo, delimita cada uma de suas etapas. Ao elaborar um fluxograma, é imprescindível que os envolvidos naquele processo que foi desenhado façam a sua validação. A preocupação é garantir que o desenho retrate fielmente o que ocorre na prática.

Após a validação do fluxograma, podemos utilizá-lo como ferramenta de apoio para identificar a etapa do processo que está gerando uma não conformidade. A partir de então, podemos nos debruçar sobre essa etapa e trabalhar na sua melhoria.

SÍNTESE

Neste capítulo, você compreendeu que o planejamento e as estratégias da produção são fundamentais para garantir que a logística cumpra uma de suas principais metas: a disponibilidade de produtos.

Também aprendeu que tudo começa a se concretizar com os processos de produção. As decisões sobre quais processos terceirizar, a estratégia de produção em relação à formação de estoques e sobre as prioridades da produção podem ser decisivas na satisfação do cliente.

7

LOGÍSTICA DA DISTRIBUIÇÃO

CONTEÚDOS DO CAPÍTULO:

- As estratégias de distribuição para as redes de suprimentos.
- Os desafios e as inovações nas estratégias de distribuição proporcionadas pelo comércio eletrônico.

APÓS O ESTUDO DESTE CAPÍTULO, VOCÊ SERÁ CAPAZ DE:

1. compreender as principais peças da estratégia logística da distribuição;
2. relacionar os principais desafios do comércio *on-line* na distribuição dos seus produtos;
3. elaborar estratégias logísticas de distribuição.

7.1 ASPECTOS GERAIS E CONDICIONANTES DA DISTRIBUIÇÃO

O subsistema de distribuição está relacionado aos processos operacionais e de controle que permitem transferir os produtos desde o ponto de produção até o ponto em que a mercadoria será, finalmente, entregue ao cliente final. Isso engloba processos que lidam com a movimentação, a armazenagem e o processamento de pedidos dos produtos finais da empresa. O ponto final da distribuição física pode ser outro fabricante, a loja, o varejista ou a casa do consumidor. O ponto inicial pode ser uma fábrica, um atacadista, um varejista ou uma empresa de serviços.

A distribuição é organizada na forma de uma rede, composta, tradicionalmente, pelos elos entre fabricante, atacado e varejo. A escolha da rede de distribuição depende de alguns fatores, como o tamanho do mercado, a abrangência geográfica e as características do produto. A distribuição é realizada com a participação de alguns componentes (Novaes, 2001):

- Instalações físicas.
- Estoques.
- Transporte.
- Informações diversas.
- *Hardware* e *softwares* diversos.
- Custos.
- Pessoal.

As **instalações físicas** são os espaços destinados ao armazenamento dos produtos até a transferência para lojas, ou para o cliente final. Essas instalações são unidades de armazenagem ou centros de distribuição. O segundo elemento é o lote de produtos acabados que serão armazenados ou movimentados ao longo da cadeia. Cada vez mais, notamos a busca por reduções no **estoque** com o objetivo de agregar capital de giro. Para movimentar esses produtos, é necessária a utilização de veículos. Cabe aos gestores da distribuição decidirem pelo **transporte** (meio, especificações e qualidade) mais adequado para as necessidades e demandas do negócio.

Você deve compreender que, para operar todo esse processo de distribuição, que envolve diversos atores (empresa, distribuidor, operadores logísticos, cliente etc.), é necessário ter **informações confiáveis** e **atualizadas** sobre as demandas específicas de cada pedido (horário de entrega, tipo de veículo, roteiros etc.). Essas informações são produzidas e gerenciadas por meio dos **softwares** e **hardwares**, que auxiliam tanto o planejamento quanto a execução das entregas.

Outro elemento importante para esse processo é a estrutura de **custos**, ou seja, como estão sendo alocados os recursos financeiros nos processos de distribuição e se eles estão sendo eficientes e eficazes. A estrutura bem gerenciada é importante, pois auxilia na formação de um preço competitivo para a mercadoria.

Por fim, é necessário manter um conjunto de **pessoas capacitadas** para operar e gerenciar os demais elementos da cadeia de distribuição. Esse corpo de funcionários deve ser constantemente atualizado para que a cadeia mantenha o nível de desempenho.

Entretanto, entre as atribuições mais importantes da distribuição podem ser elencados o **levantamento** e o **monitoramento das informações da demanda**, basicamente para a previsão de todo o planejamento da empresa e da cadeia de suprimentos. Segundo Dias (2005, p. 28), "toda gestão de estoques está pautada na previsão do consumo do material. A previsão de consumo ou da demanda estabelece estimativas futuras dos produtos acabados comercializados ou vendidos".

São processos típicos do subsistema de distribuição:

- transformar solicitações do atendimento ao cliente em solicitações logísticas;
- gerenciar recebimento de pedidos de venda;

- definir medidas-chave de desempenho;
- definir oferta e posicionamento;
- definir e gerenciar estratégia de canal;
- fazer gestão de relacionamentos com clientes;
- desenvolver previsão de demanda;
- modelar rede de logística;
- otimizar programações e custos de transporte;
- desenvolver e gerenciar estratégia de embalagem;
- solicitar e processar o retorno do cliente sobre serviços prestados;
- gerenciar retornos (logística reversa).

7.2 COMPOSIÇÃO E ESTRATÉGIAS DE DISTRIBUIÇÃO

As estratégias de distribuição são altamente impactantes, dada a proximidade com o cliente, por isso podemos dizer que a elaboração das estratégias de distribuição deve contemplar as parcerias que serão formadas por onde passarão os produtos – os canais de distribuição, as operações e o transporte –, já que o bom desempenho afeta diretamente desde as promessas feitas no ato das vendas até a concretização das entregas.

7.2.1 CANAIS DE DISTRIBUIÇÃO E LOGÍSTICA

É usual encontrarmos, na literatura, o termo *canal de distribuição* para referir a uma rede. O **canal de distribuição** é entendido como um conjunto de organizações interdependentes envolvidas no processo de tornar o produto ou serviço disponível para uso/consumo. Ele pode assumir vários formatos, que têm a ver com o número de níveis de transferência de propriedade do produto até atingir o ponto de venda, como você pode observar na Figura 7.1.

FIGURA 7.1 – CANAIS DE DISTRIBUIÇÃO TRADICIONAIS

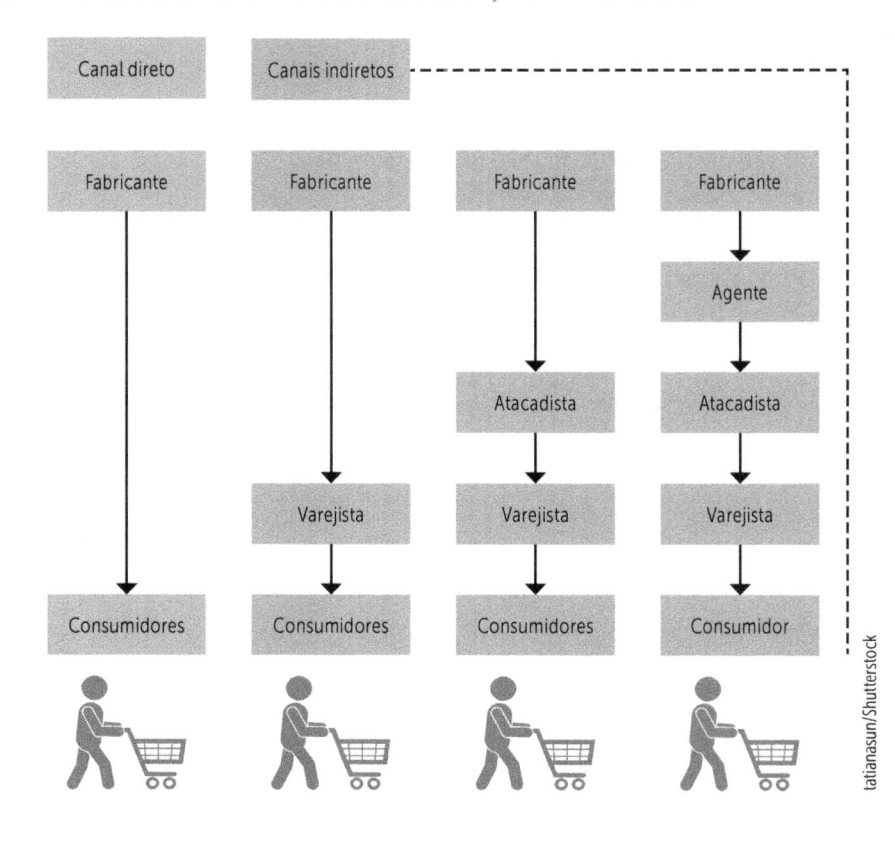

```
Canal direto          Canais indiretos

Fabricante      Fabricante      Fabricante      Fabricante
                                                     ↓
                                                  Agente
                                                     ↓
                                 Atacadista      Atacadista
                                     ↓               ↓
                 Varejista       Varejista       Varejista
    ↓                ↓               ↓               ↓
Consumidores    Consumidores    Consumidores    Consumidor
```

tatianasun/Shutterstock

A estratégia de canal é bastante sólida na competição, pois é bem difícil de ser copiada pelos concorrentes. Isso decorre do fato de que a estruturação de canais diferentes resulta de uma estratégia de longo prazo e é baseada em pessoas e em relacionamentos desenvolvidos. O canal de distribuição pode ter extensão diversificada e refere-se ao número de níveis – a sequência de intermediários pelos quais o produto tem de passar da empresa produtora até o cliente final.

São elementos fundamentais aos canais de distribuição os elos *atacado* e *varejo*. O **atacado** tem as funções de receber os grandes lotes das empresas fabricantes e relacioná-los a compradores de menor porte, que são os distribuidores regionais ou os varejistas. Dessa forma, desafoga-se os fabricantes, permitindo a estes que não acumulem estoques, que seus produtos cheguem ao mercado e que a reposição aconteça.

Essa atuação do atacado como intermediário permite que os fabricantes concentrem-se na produção em unidades maiores, alcançando menores custos unitários.

O **varejo** é o ponto de venda ao cliente final. Os pontos de varejo trabalham com lotes menores de cada fornecedor, mas acumulam uma diversidade de itens ao cliente. O varejo é o ponto onde são captados os desejos e as expectativas do cliente final e é o ponto no qual procura-se oferecer conveniência e suporte às necessidades.

Os canais de distribuição oferecem contribuições diferenciadas à construção da competitividade e diversas são as opções. Por isso, trata-se de uma questão estratégica definir a configuração do canal, considerando que mais elos no canal contribuem para a melhor coordenação da oferta e da demanda, a diversificação de fornecedores dos mesmos itens e a oferta de diferentes produtos. Além disso, com mais elos intermediários, os custos de transação das cadeias são reduzidos na perspectiva dos fabricantes, pois, em vez de negociarem com centenas, milhares de pontos do varejo, podem negociar com, no máximo, uma dezena de atacadistas. Além disso, a proximidade pode facilitar a identificação de fornecedores, bem como a compreensão do comportamento do consumidor.

Mas, ao mesmo tempo em que mais intermediários podem proporcionar algumas vantagens, podem também aumentar os custos finais dos produtos, pois mais participantes precisam ser remunerados. Então, para balancear os potenciais benefícios e custos das decisões acerca da configuração dos canais de distribuição, as seguintes premissas básicas devem ser seguidas:

- participantes podem ser eliminados;
- funções dos elos não podem ser eliminadas;
- se participantes são eliminados, suas funções são passadas para frente ou para trás no canal.

Quer dizer, se uma empresa define que ela não usará mais distribuidores e fará a venda direta para o varejo, ela está assumindo que também atuará como distribuidor, isto é, será necessária uma estrutura, conforme apresentada na seção 7.1. Haverá necessidade de preocupações com a movimentação e a armazenagem do produto acabado em grandes lotes e o posterior transporte em pequenos lotes para o varejo, que é disperso geograficamente. Ou seja, a empresa lidará com complexidades que nunca estiveram nas suas atividades principais.

Como você já deve saber, as vendas *on-line* estão revolucionando a forma de pensar e usar estrategicamente os canais de distribuição. Contudo, o mais importante não é se uma empresa precisa, atualmente, estar simultaneamente nos canais *on-line* e *off-line*, e sim a definição da participação de cada canal nos negócios da empresa.

O comércio eletrônico tem sido usado, principalmente, para a eliminação de intermediários em um canal, mas isso exige completa reformulação das operações das empresas, considerando as premissas dadas anteriormente. Os intermediários estão sendo eliminados em diversas situações, como clientes que selecionam fornecedores e fazem as suas compras exclusivamente por vias virtuais, assim como consumidores que procuram opções na internet e fazem suas compras diretamente, sem saírem de casa, sem usar o varejo tradicional.

A CVS, líder do setor de farmácias nos Estados Unidos, está estruturando o seu canal *on-line* com o objetivo de fazer as entregas no dia seguinte à prescrição da medicação. A distribuição de medicamentos prescritos, certamente, será mais complicada do que a entrega de bens de consumo convencionais, mas trata-se de uma estratégia para contrapor a queda de vendas nas lojas físicas (Terlep, 2017).

A Kellogg Co. revisou os seus métodos de distribuição e está abandonando sua maneira tradicional de entregar alguns petiscos diretamente às lojas para entregá-los em armazéns de supermercados.

Paul Norman, presidente da Kellogg's na América do Norte, disse que a decisão faz sentido à medida que mais americanos compram alimentos *on-line*. "**Os compradores**

podem nem estar entrando na loja. Quando você compra dessa maneira, não faz sentido nós termos um monte de recursos amarrados em nossos caminhões e nossa própria logística de entregas às lojas", disse em uma entrevista (Gasparro, 2017, tradução e grifo nossos).

Os objetivos da Heineken com o uso dos canais de distribuição como estratégia são outros. A cervejaria holandesa comprou 1.900 *pubs* na Inglaterra para se aproximar mais do cliente final e, também, para aumentar o poder de barganha, segundo Chaudhuri (2016a). A empresa espera aumentar a visibilidade de suas marcas – como Heineken e Amstel –, bem como aumentar poder de barganha com outras cervejarias para desenvolver acordos de fornecimento recíproco, disse o analista Andrew Holland, da *Société Générale* (Chaudhuri, 2016).

7.2.2 OPERAÇÕES E TRANSPORTE NA DISTRIBUIÇÃO

No Capítulo 2, você verificou as características das estratégias e da gestão **operações** e, portanto, já entendeu que *operações* implicam um conjunto de recursos reunidos em processos. Neste momento, vamos qualificar as operações como determinantes de boa parte do sucesso da distribuição, o que, talvez, explique por que muitos tendam a usar como sinônimos os termos *logística* e *distribuição*.

É importante também, neste momento, lembrar que as decisões acerca da qualidade e da quantidade dos insumos que serão alocados num determinado processo definem o seu resultado, ou o produto, ou, na nossa linguagem particular, o desempenho das operações. Essas decisões são guiadas pelos objetivos de desempenho que criam vantagens competitivas, dentre eles, **custos**, **qualidade**, **confiabilidade**, **rapidez** e **flexibilidade**.

A novidade, agora, é que as operações, embora tenham de alcançar determinados objetivos, carregam consigo algumas características que podem facilitar ou dificultar atingir os resultados necessários. São os chamados **4Vs** das operações:

1. o **volume** de operações;
2. a **variedade** de itens;
3. a estabilidade da demanda ou a **variação na demanda** dos produtos;
4. o grau de **visibilidade** que os clientes têm de seus processos de produção.

Apesar dos processos de produção de bens e serviços serem similares na forma de transformar *inputs*, eles diferem nesses quatro aspectos importantes.

A contribuição do **volume** às operações está no fato de que grandes volumes de produção possibilitam diversas oportunidades de ganho. Com maiores volumes de produção, há maior viabilidade para implementação de rotinas, padrões são alcançados e é mais razoável especializar partes da produção e pessoas, bem como adquirir equipamentos. Como resultado, os processos podem ser bem mais eficientes e consistentes, oferecendo produtos padronizados e de menor custo.

Imagine uma organização com alto volume de produção de hambúrgueres, que serve milhões deles diariamente em todo o mundo. Certamente, esse grande volume tem implicações significativas na maneira como suas operações são organizadas. Um bom exemplo é o McDonald's. A primeira coisa que você percebe é o grau de repetição das tarefas que os funcionários estão executando, assim como a sistematização do trabalho. Um exemplo clássico dessa situação é a contraposição da produção do McDonald's com a produção de uma hamburgueria artesanal ou de pequeno porte.

Com processos estabelecidos e padronizados, possibilitados pelo volume de produção, os produtos também são padronizados e os custos são menores, além de os funcionários serem especializados – lembre-se, por exemplo, daquele que apenas cuida da fritura das batatinhas.

Em contraposição, no caso de uma hamburgueria de bairro, de pequeno porte, é até possível perceber diferença de qualidade quando há troca de funcionários, não é mesmo?

É verdade, pois, nesse caso, cada funcionário desempenha mais do que uma função e isso pode impactar diretamente o produto final.

A **variedade de itens** oferecidos também importa. Se continuarmos no setor de alimentação, será fácil entender também que, quanto menos escolhas um restaurante oferecer em seu cardápio, mais fácil a gestão de suas operações.

Você pode também entender que, quando se quer oferecer escolhas que tenham o efeito da variedade em serviços, algumas complexidades podem ser enfrentadas. Você já comparou as características do serviço de transporte por aplicativo e de transporte coletivo?

O Uber, por exemplo, oferece um serviço de alta variedade porque deve atender a qualquer origem e destino apontado pelo cliente. Isso implica motoristas com bom conhecimento da área e boa interface para que o serviço seja consumido adequadamente, isto é, para que os clientes cheguem ao destino solicitado na rota de menor percurso. Em contrapartida, os ônibus que servem o transporte coletivo trabalham com rotas fixas e horários previamente definidos. O que oferecem em vantagem é o custo baixo, mas por um serviço já formatado e sem possibilidade de mudança.

O conhecimento da demanda é outra variável importante para o planejamento das operações. Quando a **variação de demanda** é alta, impacta a capacidade de estabelecer uma oferta padronizada, com rotinas e investimentos em equipamentos que possam rebaixar os custos unitários. O interessante é projetar operações com demanda conhecida ou estável.

Você pode imaginar as dificuldades de negócios estabelecidos em locais turísticos que têm de se preparar para temporadas curtas ou mesmo finais de semana e que ainda ficam sujeitos às condições do tempo? Há necessidade de previsão de compras, nem sempre tão claras, e de contratação de pessoal, nem sempre também já treinado.

Agora, imagine um hotel que tem como público principal pessoas que estão em viagem de negócios em grandes centros comerciais. O fluxo é intenso e constante, praticamente o ano todo. A necessidade de funcionários pode ser mais planejada, os alimentos podem ser comprados e os quartos podem ser limpos de maneira rotineira e previsível. Consequentemente, isso resulta em alta utilização dos recursos e custos unitários inferiores aos dos hotéis com padrão de demanda variável.

Por sua vez, **visibilidade** refere-se a quanto da operação está exposta aos clientes. Imagine quando procura os serviços de bancos: você pode procurar a agência física ou a virtual. Na agência física, de alta visibilidade, sua tolerância à espera é relativamente curta e você pode ir embora se não for atendido em tempo razoável ou, simplesmente, se sua percepção não for satisfatória. Por exemplo, você achou que um funcionário foi educado ou lhe deu informações corretas. Dessa forma, a seleção de pessoas para operações de alta visibilidade requer funcionários habilidosos para contatar os clientes. No caixa eletrônico, ou no *home bank*, você pode requerer um serviço e será atendido rapidamente, mesmo que a resposta seja de que, naquele sistema eletrônico, não é possível realizar a operação desejada.

Sinteticamente, podemos caracterizar as operações conforme o Quadro 7.1, a seguir.

Em linhas gerais, tudo isso quer dizer que a distribuição será favorecida por operações que tenham maiores volumes, menor diversidade de itens e maior estabilidade da demanda.

Nessa formatação, as operações poderão ser mais intensivas em capital, mecanizadas, automatizadas ou robotizadas, com recursos mais produtivos, inclusive as pessoas especializadas contratadas.

Quando as operações apresentam volumes baixos, isso implica menos incorporação de tecnologias que, por exemplo, diminuem a eficiência de processos de separação de pedidos (*picking*), aumentando risco de erros na separação, ao mesmo tempo em que encarece as operações de transporte, por dificultar contratos mais econômicos com operadores. O resultado podem ser operações de distribuição mais caras e com maiores prazos de entrega.

QUADRO 7.1 – TIPOLOGIA DAS OPERAÇÕES

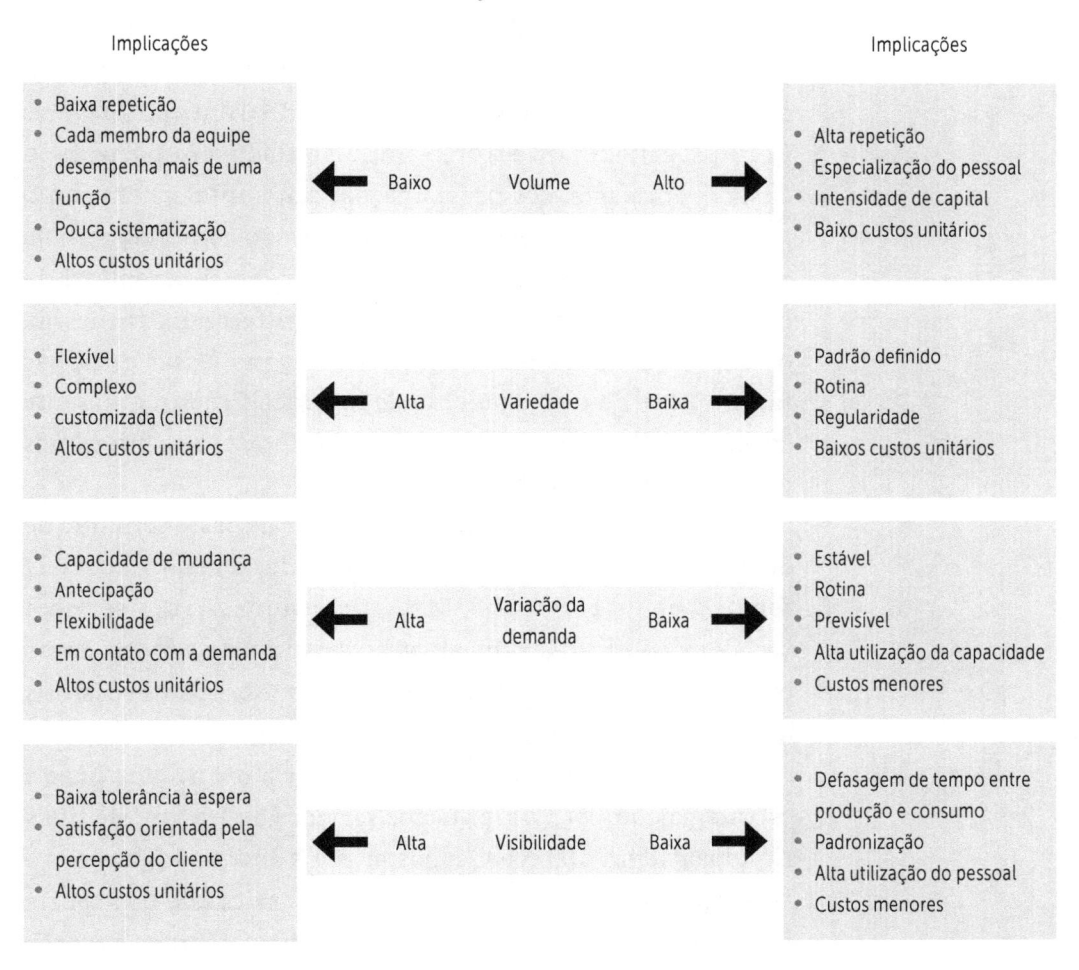

Implicações		Implicações
• Baixa repetição • Cada membro da equipe desempenha mais de uma função • Pouca sistematização • Altos custos unitários	← Baixo Volume Alto →	• Alta repetição • Especialização do pessoal • Intensidade de capital • Baixo custos unitários
• Flexível • Complexo • customizada (cliente) • Altos custos unitários	← Alta Variedade Baixa →	• Padrão definido • Rotina • Regularidade • Baixos custos unitários
• Capacidade de mudança • Antecipação • Flexibilidade • Em contato com a demanda • Altos custos unitários	← Alta Variação da demanda Baixa →	• Estável • Rotina • Previsível • Alta utilização da capacidade • Custos menores
• Baixa tolerância à espera • Satisfação orientada pela percepção do cliente • Altos custos unitários	← Alta Visibilidade Baixa →	• Defasagem de tempo entre produção e consumo • Padronização • Alta utilização do pessoal • Custos menores

Fonte: Elaborado com base em Slack et al., 2008.

Além disso, as embalagens têm importante papel no processo, pois podem tanto diminuir os retornos motivados por avarias nos produtos como acarretar custos adicionais de transporte.

Envelopes acolchoados e pequenas embalagens estão substituindo a diversidade de caixas semivazias que transportam, às vezes, mais ar do que produto, com o objetivo de protegê-lo. Eficiência da embalagem é o objetivo do momento. A Amazon.com, por exemplo, está tomando medidas adicionais para atender pedidos em embalagens de tamanho correto, com impacto de retirada de muitas toneladas de papelão e enchimento de pacotes nos canais de distribuição (Stevens; Phillips, 2017). É um esforço impulsionado, em parte, pelo custo e, em parte, por preocupações ambientais, bem como pela crescente consternação de clientes do comércio *on-line* que veem suas varandas cheias de grandes caixas repletas de itens minúsculos e, muitas vezes, itens diferentes da mesma ordem espalhados por várias embalagens. Essas entregas fazem parte de um problema de logística fundamental que surge quando vários estoques são abastecidos em diferentes centros de distribuição.

Os serviços de transporte são centrais nesse conjunto de decisões. A começar pela escolha da modalidade – rodoviária, ferroviária ou aeroviária. Mas a determinação dos serviços vai além: implica decidir as características do serviço, como os locais de entrega, os prazos prometidos e os custos possíveis, de acordo com as prioridades competitivas.

Se a responsividade for orientar a prioridade para a estratégia competitiva, então os serviços de transporte mais rápidos podem oferecer respostas mais adequadas aos clientes dispostos a pagar por ela. Todavia, serviços de transporte mais lentos e menos consistentes servem a clientes e mercados cuja prioridade seja o preço (custo).

ESTUDO DE CASO
INDÚSTRIA DE MÓVEIS S/A

William era recém-formado no curso de Administração e tinha conseguido seu primeiro emprego na área de logística de um grande fabricante de móveis, empresa líder no seu mercado de atuação. Ele ficou contente quando conheceu as suas atribuições de analista: poucas tarefas rotineiras e muitos estudos de custos, mercadológicos e de melhoria da operação.

Após algumas semanas de trabalho, percebeu que toda a demanda desses estudos estava parada pelo fato de todos na empresa se ocuparem, quase que totalmente, com a rotina da área. Como o dia a dia consumia o tempo das pessoas, incluindo a gerência, ninguém se dedicava a criticar os processos da logística, apesar de serem cobrados para isso.

Por um lado, William tinha um grande desafio nas mãos: entender e propor melhorias de uma operação complexa. Isso era o que o motivava.

Por outro, sabia que a expectativa em torno da sua contratação era grande e que precisava mostrar resultados rapidamente. O desafio ficou maior quando apurou alguns resultados da logística: a operação era deficitária e os clientes estavam insatisfeitos.

A EMPRESA

Fundada em 1964, a empresa é o maior fabricante de armários de cozinha do país e está entre as três maiores indústrias de móveis do Brasil. A sede da empresa fica localizada no interior de Minas Gerais. Nessa unidade, são fabricados cerca de 13 mil armários de cozinha de aço por dia. Com forte presença nacional, a empresa tem 76 representantes revendendo sua linha de produtos em 18.500 pontos de vendas espalhados por todo o Brasil. O público-alvo dos produtos está nas classes B e C; a empresa é líder nesse mercado, com 40% de *market share*.

Seus armários são reconhecidos no mercado como de alta qualidade, especialmente, pela durabilidade. Na última década, a empresa vem investindo em *design*, diante das mudanças do mercado consumidor, que passou a priorizar esse quesito. A arquitetura do produto é modular, o que permite fazer alterações no portfólio com alguma facilidade. Basicamente, o que gera diferenciação, em termos de *design*, para os clientes são a porta e os puxadores dos armários. Os demais itens do corpo do produto são padronizados e comuns a diversos tipos de produtos.

A principal matéria-prima é o aço, adquirido em bobinas de Ipatinga-MG, cidade 267 km distante. Outros grandes fornecedores estão localizados em São Paulo: de tintas, em Cajamar, e de embalagens, em Araçariguama. A produção é *empurrada* e é destinada, em sua maioria – 60% –, para pequenos e médios varejistas. O restante é comercializado para grandes varejistas, como Casas Bahia, Magazine Luiza, Ponto Frio e Lojas Marabraz, cujos centros de distribuição estão localizados na Região Metropolitana de São Paulo. Independentemente do porte do varejista, é possível observar um pico de pedidos para a fábrica de outubro a dezembro.

DISTRIBUIÇÃO

A distribuição dos armários de aço era de responsabilidade da transportadora da própria empresa, que transportava, exclusivamente, produtos do grupo. Pelos 120 veículos da transportadora, escoavam 80% do volume da empresa a partir do armazém anexo à fábrica em Ubá-MG. Os 20% restantes do volume estavam nas mãos de autônomos agregados; quase a totalidade deles prestava serviço de forma contínua e ficavam alocados para uma rota específica. Os produtos eram transportados desmontados.

Os varejistas de pequeno e médio porte não têm lote mínimo para compra. Isso gera um elevado número de entregas por veículo. A rota de quase 90% dos caminhões era feita com uma média de 40 entregas (clientes). Por dia, eles conseguiam fazer de seis a oito entregas, pois gastavam muito tempo no deslocamento entre clientes; em alguns casos, um caminhão fazia entregas em mais de dez cidades antes de completar a sua rota. Além do tempo dispendido entre as entregas, os motoristas gastavam muito tempo no descarregamento do caminhão, especialmente em pequenos varejistas, onde tinham problemas com estacionamento do caminhão e espaço físico disponível para receber o pedido. Tão logo terminavam as entregas, os motoristas retornavam à fábrica para serem carregados novamente.

Principais capitais	Distância
Belo Horizonte – MG	280 km
Rio de Janeiro – RJ	290 km
São Paulo – SP	581 km
Brasília – DF	972 Km
Salvador – BA	1.431 km
Natal – RN	2.386 km
Belém – PA	2.926 km
Cuiabá – MT	1.806 km
Curitiba – PR	992 km
Porto Alegre – RS	1.720 km

Onde estão os clientes? (Regiões)	Percentual do volume total do mercado doméstico
Norte	5%
Nordeste	35%
Centro-Oeste	7%
Sudeste	35%
Sul	8%

Os veículos e motoristas eram, preferencialmente, alocados para a mesma região. Acreditava-se que isso facilitava a distribuição, pelo fato de o motorista conhecer as estradas e os ajudantes (chapas) de cada cidade e por desenvolver contato com o cliente. Isso, muitas vezes, orientava a programação da disponibilidade dos estoques da fábrica, pois os pedidos dos clientes eram programados de acordo com a disponibilidade dos caminhões para as regiões.

A fábrica pagava um preço de mercado pelo frete da transportadora própria. Contudo, a operação da transportadora sempre foi deficitária. Além disso, muitos clientes reclamavam do alto *lead time* de entrega do pedido.

Um estudo realizado com outros fabricantes de móveis concorrentes do Sul do país mostrou que eles têm, pelo menos, metade do *lead time* da empresa, quando comparadas entregas nas mesmas regiões.

SÍNTESE

Neste capítulo, você verificou que é por meio da distribuição que as principais atribuições e metas da logística irão se tornar realidade e que os clientes serão, enfim, satisfeitos totalmente, parcialmente ou ficarão insatisfeitos com a empresa.

Por isso, a distribuição é uma peça especial da logística e explica as diversas oportunidades de estruturas os serviços, com decisões muito enriquecidas pelos conhecimentos do *marketing*.

No caso do comércio eletrônico, as decisões e implementações na distribuição podem ser decisivas para a sobrevivência e o crescimento do negócio.

8

ENTREGAS E LOGÍSTICA REVERSA

CONTEÚDOS DO CAPÍTULO:

- Os fatores que impactam as decisões sobre a estratégia das entregas.
- A gestão dos retornos pós-consumo e pós-venda que caracterizam a logística reversa.

APÓS O ESTUDO DESTE CAPÍTULO, VOCÊ SERÁ CAPAZ DE:

1. compreender as principais peculiaridades das entregas;
2. indicar os principais componentes na formação dos custos;
3. reconhecer os principais desafios das entregas no cumprimento dos prazos e no controle dos custos, em conflito com a mobilidade das cidades;
4. elaborar estratégias logísticas para entregas;
5. traçar estratégias logísticas para minimização da geração de retornos e para a elaboração dos canais reversos.

8.1 ENTREGAS

As entregas encerram os processos da logística da distribuição, por isso carregam muita responsabilidade. Muito do que acontece na entrega é resultado de erros e acertos ocorridos muito antes, às vezes, já no processo de produção, portanto as entregas expõem o desempenho dos processos.

Entregas de itens com erro apontam problemas nos lotes de fabricação, na separação de pedidos ou na roteirização, por exemplo. Entregas com atraso podem indicar que houve erros na execução da programação da produção ou no carregamento, enganos na contratação do serviço de transporte ou falhas na roteirização das entregas. Quando todos os itens pedidos são entregues e no prazo combinado, a entrega está sendo favorecida pelo perfeito alinhamento dos processos.

Além disso, as entregas englobam as atividades mais caras da logística de distribuição. É quando os grandes lotes são fracionados e as unidades precisam ser levadas a pontos dispersos geograficamente. Segundo Phillips (2016), a estimativa do crescimento das entregas do *e-commerce* para o período de 2010-2020 foi de 365%, representando um negócio adicional de 1,5 trilhões de dólares. Na Ásia, essa taxa atingiu 886%.

Stevens (2016) relata como o *e-commerce* transformou-se em um benefício para a América rural, mas também em um grande desafio para os varejistas *on-line*. Proporcionando conveniências das grandes cidades aos moradores de pequenas cidades, os serviços de entrega de produtos unitários são caros para os varejistas e, muitas vezes, seus custos são também superiores aos preços dos produtos entregues. Stevens (2016) cita, como exemplo de grandes prejuízos unitários nas entregas, produtos de maquiagem, água sanitária e sabão em pó.

A razão para tudo é a chamada **densidade da entrega**, ou seja, o número de pacotes a serem entregues a cada parada do veículo em relação à quilometragem total da rota. Quanto menos encomendas entregues e quanto mais o veículo andar para entregar todos as encomendas embarcadas, maior o custo de cada pacote a ser entregue.

Ou seja, quanto maior a rota e quanto maior o número de paradas, pior é, porque menor é a densidade. Em outras palavras, com poucos itens haverá mais paradas. Quanto menos paradas, melhor. Entrega mais densa quer dizer muitos itens por ponto de entrega, assim como poucos pedidos (destinatários) embarcados num veículo.

Muitos pedidos em poucos pontos de entrega é o mais econômico. A densidade pode ser medida pelo número de pedidos embarcados por quilômetro percorrido na rota, pelo valor (R$) dos itens embarcados pela quilometragem da rota ou pelo valor médio do pedido embarcado, por exemplo.

O desafio do custo é apenas um deles. Existem outros. A **pontualidade**, por exemplo. O aumento da população que vive em áreas urbanas é um fato constatado em todo o mundo. Segundo as Nações Unidas, até 2050, 66% da população mundial deverá viver em áreas urbanas (United Nations, 2014). No Brasil, a taxa de urbanização poderá chegar a 90% até 2020, de acordo com um estudo da ONU – Habitat (2012).

A urbanização é um fenômeno de agrupamento social, geralmente, distante de suas fontes de alimentos, matérias-primas e insumos, do comércio e dos locais de depósito de seus resíduos. Apesar disso, o transporte de cargas para as áreas urbanas, a não integração entre políticas relacionadas à mobilidade, habitação e uso do solo resultam em um ambiente complexo. Em locais com grande concentração de renda e atividades econômicas, a demanda por bens e serviços é alta e gera fluxos de transporte de cargas intensos, para os quais as vias não foram planejadas. Dessa forma, os grandes fluxos de veículos gerados pelo crescimento urbano, aliados à falta de planejamento das cidades, resultam na redução da mobilidade urbana.

A redução da mobilidade impacta o transporte de cargas das empresas, afetando seu custo e nível de serviço. O transporte de cargas é responsável por integrar fabricantes, atacadistas, varejistas e consumidores, disponibilizando produtos e complementando o processo de *marketing*. Os congestionamentos e a dificuldade de acesso prejudicam a eficiência dessas operações, interferindo na qualidade dos serviços prestados, nos níveis de estoques, nos custos de operação e trazem dificuldades no cumprimento de prazos, o que compromete o relacionamento das empresas com seus clientes.

Esses impactos no transporte de cargas das empresas podem ter sérios efeitos sobre a rentabilidade de um negócio, sobretudo quando se trata do *e-commerce*. Para as empresas do *e-commerce*, o serviço de entrega de mercadorias é um dos principais elementos que influenciam a satisfação do cliente (Nisar; Prabhakar, 2017). Nesse sentido, uma boa gestão da logística e do transporte de cargas em meios urbanos se mostra determinante para o sucesso de empresas do *e-commerce*, principalmente, para aquelas que atuam no segmento B2C (*business to consumer*), distribuindo produtos diretamente para o consumidor final.

Ghezzi, Mangiaracina e Perego (2012) apontam que a prova da importância da logística e do transporte de cargas para o *e-commerce* vem do campo. Falhas como a da Webvan, assim como importantes sucessos, como a da Amazon, Vente Privee, Yoox, Tesco e Esselunga, foram baseadas na logística.

Apesar dos custos e das dificuldades em cumprir os prazos prometidos, o *e-commerce* continua a enfrentar os desafios. Um deles é a entrega para clientes localizados em endereços de difícil acesso ou mesmo sem endereço fixo. Segundo Phillips (2016), *start-ups*, como what3words, Fetchr e OkHi, desenvolvem tecnologias similares à utilizada pela Uber para as chamadas de serviço de transporte por aplicativos. Tudo para resolver o desafio de entregar pacotes para os clientes que não têm endereços fixos na Mongólia, no Brasil e em várias outras regiões.

Outro desafio das entregas são as residências que estão constantemente sem alguém para receber os pacotes. Contra essa barreira, a Amazon está fazendo entregas em casas e em carros sem a presença do dono. A nova opção de entrega faz parte do programa Amazon Key, lançado em 2017, no qual os motoristas de entrega da empresa deixam pacotes dentro das residências. Esse sistema inclui uma chamada *trava inteligente* para a porta e uma câmera de segurança. O serviço de carro é gratuito para os membros da Amazon Prime, que possuem certos modelos mais recentes GM e Volvo. Os clientes baixam o aplicativo Amazon Key e vinculam uma conta da Amazon a um serviço de carro conectado, como o OnStar. Em local e horário combinados, o veículo é aberto e a encomenda é deixada no seu interior. Logo após, o veículo é travado pelo entregador.

8.2 LOGÍSTICA REVERSA

Assim como há preocupações em colocar produtos e serviços prontos para consumo em determinados pontos e situações, há também, e cada vez mais, preocupações que o consumo, de fato, aconteça, mas com geração mínima de resíduos. Essas são as preocupações típicas da chamada *logística reversa*. *Reversa* porque os fluxos percorrem o caminho inverso ao tradicional, como você vê ilustrado na Figura 8.1.

FIGURA 8.1 – FLUXOS TRADICIONAIS E REVERSOS DA LOGÍSTICA

a. Logística tradicional

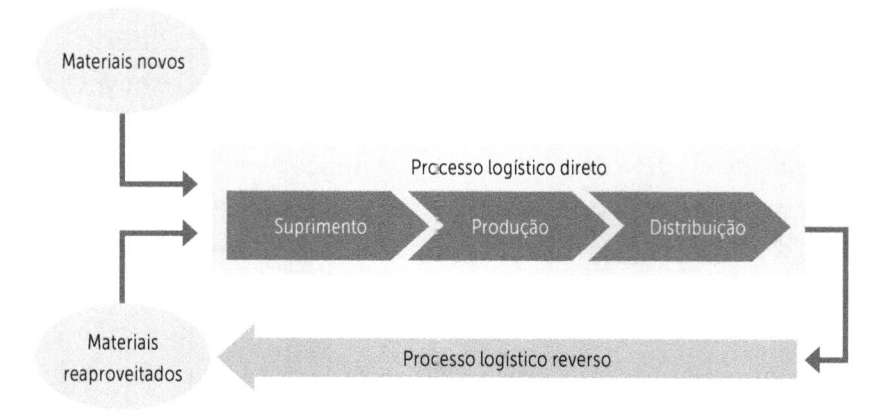

b. Logística reversa

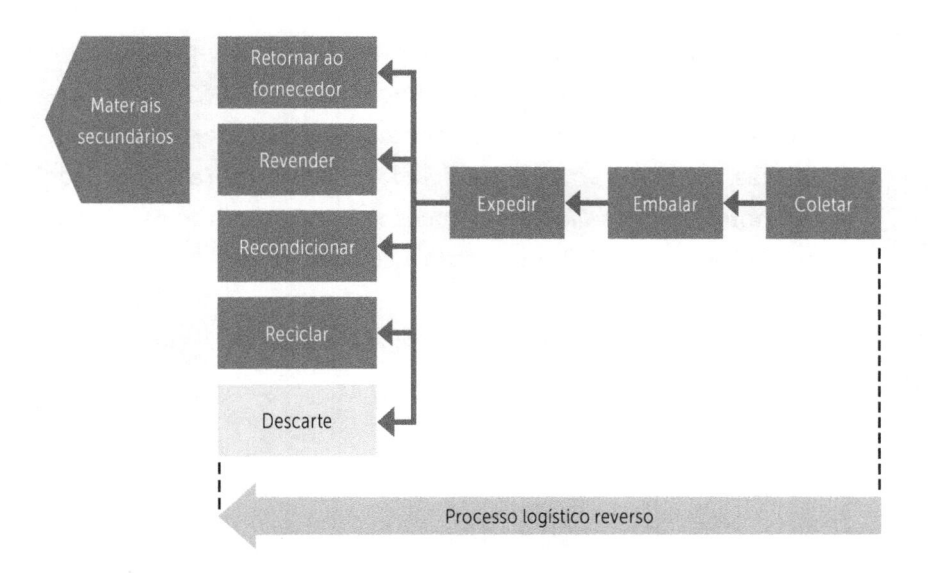

[Diagrama: Materiais secundários ← (Retornar ao fornecedor, Revender, Recondicionar, Reciclar, Descarte) ← Expedir ← Embalar ← Coletar — Processo logístico reverso]

O fluxo convencional, ou tradicional, refere-se às operações que viabilizaram o produto sair do fabricante, chegar ao distribuidor e daí ao varejo onde você o adquiriu. No fluxo reverso, percorrerá caminho inverso. O produto sairá da sua casa, irá para o vendedor (varejo) e de lá para o distribuidor e, talvez, até o fabricante. E como esses fluxos acontecem sem qualquer previsão e de forma muito fracionada, às vezes, os movimentos são unidade a unidade, isso é motivo para preocupação, pois encarece bastante o processo.

Por exemplo, se você faz uma compra e quer devolver o produto, seja porque ele não agradou ou porque apresentou algum defeito, vai ser iniciada uma operação de logística reversa. Produtos e embalagens podem ter seus fluxos gerenciados para retornarem a um determinado ponto e, às vezes, até mesmo a sua origem, por diversas razões.

Conforme Lombardo (2018), a Coca-Cola Co., há muito criticada pelos defensores do meio ambiente pela produção de bilhões de garrafas de plástico que acabam em aterros e oceanos, informou que deseja coletar e reciclar o equivalente a todas as embalagens que ele coloca no mundo até 2030.

Produtos defeituosos precisam ter retorno para garantia a fim de serem reparados ou retirados do mercado; produtos cuja vida útil venceu – como pilhas e pneus – precisam de um descarte cuidadoso e adequado, pois são extremamente nocivos ao meio ambiente; embalagens precisam ser gerenciadas, pois são caras e, se recicladas, podem representar boas economias. Esses são casos típicos de gestão de fluxos reversos, ou a chamada **gestão da logística reversa**.

Mas dá para imaginar que existem alguns complicadores para a gestão da logística reversa. Você já consegue listar alguns deles?

8.2.1 LOGÍSTICA REVERSA: A LOGÍSTICA DO PÓS-VENDA, DO PÓS-CONSUMO E DO CICLO FECHADO

Em geral, os fatores motivadores dos fluxos de logística reversa têm a ver com as preocupações do pós-venda, do pós-consumo – como ilustrado na Figura 8.2 –, ou mais amplas, de maximizar o aproveitamento de resíduos como novos materiais.

No **pós-venda**, o objetivo é recapturar valor de produtos que chegaram ao mercado, mas que apresentaram algum problema e precisam retornar para um reparo, por exemplo.

No **pós-consumo**, o objetivo é a sustentabilidade, o meio ambiente. Estamos falando de produtos que já foram usados e não servem mais para o consumo. Nesse caso, a preocupação é a de que produtos que tenham alguma característica nociva ao meio ambiente recebam uma atenção especial, como nos casos de produtos tóxicos ou com prazos longos de degradação. Muitos desses produtos já têm uma legislação específica e os fabricantes são obrigados a organizar a logística reversa – como ocorre com pneus e lâmpadas fluorescentes. Em outros casos, a logística é organizada porque o material pode ser reciclado, como jornais e revistas.

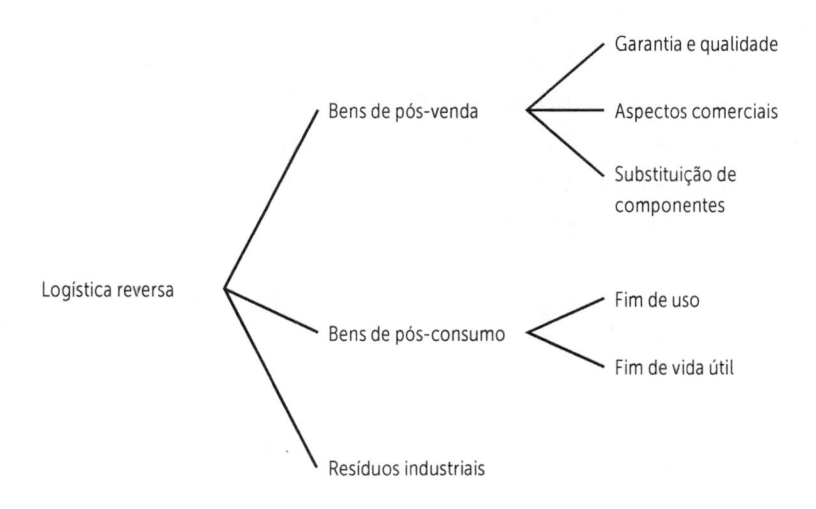

FIGURA 8.2 – FATORES GERADORES DA GESTÃO DE FLUXOS REVERSOS

Logística reversa
- Bens de pós-venda
  - Garantia e qualidade
  - Aspectos comerciais
  - Substituição de componentes
- Bens de pós-consumo
  - Fim de uso
  - Fim de vida útil
- Resíduos industriais

Fonte: Costa; Mendonça; Souza, 2013, p. 23.

Fato é que resíduos são gerados em todas as fases do processo de fabricação, distribuição e uso – como descrito no Quadro 8.1 – e, atualmente, são classificados como *pegada* ou *rastro ambiental* das empresas, ou seja, são sua marca, deixada no meio ambiente, causada por seus fluxos de materiais (sólidos, líquidos e gasosos) e energéticos, sobre os quais as empresas têm manifestado interesse em reduzir.

QUADRO 8.1 – ILUSTRAÇÃO DA PEGADA AMBIENTAL DE EMPRESAS

Produção	Distribuição	Uso	Fase final da vida econômica
• Materiais produtivos obsoletos e consumíveis (óleos lubrificantes, paletes) que podem ser reprocessados, reparados ou reciclados • Refugo de produção: sobras e aparas – papel, tecido, madeira, chapas • Produtos defeituosos: alguns podem ser reprocessados e recuperados	• Devoluções ou retornos comerciais • Entregas erradas • *Recalls* • Embalagens (p. ex. paletes) • Final de contratos de *leasing*	• *Recalls* • Garantia	• Produtos inservíveis • Embalagens

Fonte: Elaborado com base em Corrêa, 2010.

Uma maneira de reduzir a pegada ambiental tem sido aumentar o aproveitamento, ou seja, fechar o ciclo. Isso implica desenvolver a logística reversa e planejá-la para que o ciclo fechado seja realidade. Ciclo fechado exige fazer com que materiais usados retornem a pontos anteriores da rede para reutilização ou reaproveitamento. Nesse caso, muitas vezes, novas cadeias são formadas, como você verá exemplificado no Quadro 8.2.

QUADRO 8.2 – ILUSTRAÇÃO DE CADEIAS FORMADAS A PARTIR DE APROVEITAMENTO DE RESÍDUOS

Resíduo	Cadeias
Embalagem longa-vida	Papel reciclado, plástico reciclado, placas e telhas
Papel de escritório	Papel
Papel ondulado	Embalagens
Latas de alumínio	Chapas para latas, fundição para autopeças
Latas de aço	Chapas de aço, folhas de aço para embalagens
Vidros	Embalagens de vidro, asfalto, sistema de drenagem contra enchentes, espuma e fibra de vidro, bijuterias, tintas reflexivas
Pneus	Tapetes de automóveis, mantas para quadras esportivas, pisos industriais, asfalto

(continua)

(Quadro 8.2 – conclusão)

Resíduo	Cadeias
PET	Tapetes, carpetes, fios de costura, cordas, cerdas de vassouras, box para banheiros, garrafas, adesivos, cabos de vassouras, torneiras, tubos para esgotamento na construção civil

8.2.2 GESTÃO DA LOGÍSTICA REVERSA

> Provocamos você, anteriormente, sobre quais seriam os complicadores para a gestão da logística reversa. Você já conseguiu pensar em alguns deles?

O planejamento e a gestão da logística reversa são diferentes em relação à logística tradicional. É certo!

De forma geral, os fluxos reversos são menos previsíveis em termos de pontos de origem e quantidades, o que cria uma dificuldade enorme para o planejamento. Sem saber onde e quando deverá ser coletado, tudo fica mais difícil. Tudo fica para ser resolvido em cima da hora, quando a necessidade surgir.

Além disso, os agentes são menos sensíveis a campanhas mercadológicas. É mais difícil convencer os consumidores a levar os seus resíduos, por exemplo, a um ponto para que seja feita a coleta. Parece que a legislação tem sido mais eficaz do que qualquer outra ação mercadológica.

A Política Nacional de Resíduos Sólidos (PNRS) – Lei n. 12.305, de 2 de agosto de 2010 – é bastante avançada na definição de responsabilidades e penalidades na execução de processos de disposição adequada para resíduos, e a logística reversa tem papel fundamental nessa questão. Nesse caso, a indústria é responsável pela coleta de pneus e eletrônicos após a vida útil e os usuários são responsáveis pela entrega de embalagens de agrotóxicos e lâmpadas fluorescentes, por exemplo.

SÍNTESE

Neste capítulo, você pôde perceber que as entregas encerram os ciclos do pedido convencional. Nas situações de congestionamentos e da falta de planejamento urbano, as entregas tornam-se cada vez mais complexas. Os clientes exigem prazos mais curtos e os custos das entregas crescem, às vezes, sem controle. Você também pôde compreender e refletir sobre a proporção que as entregas estão tomando com o crescimento das vendas por meio eletrônico e as entregas nos domicílios totalmente pulverizadas.

Também abordamos a questão de que, muitas vezes, a logística não se encerra com as entregas. Por obsolescência, avarias, defeitos ou simples desejo de devolução do comprador, operações reversas precisam ser acionadas para retorno aos fabricantes, ao distribuidor ou a algum ponto intermediário para assistência técnica. É a logística reversa acontecendo, no contrafluxo, com suas pecualiaridades, mas, progressivamente, necessária de ser pensada, seja por força da legislação, seja por interesse na fidelização dos clientes.

9

OS FATORES-CHAVE DE DESEMPENHO DA LOGÍSTICA

CONTEÚDOS DO CAPÍTULO:

- A formatação dos processos logísticos e as estratégias das empresas e das redes de suprimentos.
- As atividades mais importantes no desempenho dos processos logísticos.
- Formulação de estratégias logísticas.

APÓS O ESTUDO DESTE CAPÍTULO, VOCÊ SERÁ CAPAZ DE:

1. indicar as principais peças e as respectivas contribuições para a estratégia logística;
2. compreender os condicionantes das atividades principais dos processos logísticos e as condições de sua implementação nas estratégias;
3. dimensionar os impactos da implementação de processos estratégicos e seus *trade-offs*.

9.1 QUAIS SÃO OS DETERMINANTES DO DESEMPENHO DA LOGÍSTICA?

Para formatar o serviço de logística de alto desempenho, que contribua com o negócio e seja capaz de gerar diferenciais perante os clientes, ela deve ser planejada considerando suas atividades. Algumas atividades são **primárias** porque são aquelas encontradas em todos os subsistemas da logística, centralizam a importância dos processos mais impactantes e são responsáveis pela maior parte dos custos logísticos. A elas nos referimos como *fatores-chave do desempenho da logística*.

Mas há também uma série de atividades adicionais que apoiam os fatores-chave, as chamadas **atividades de apoio**, como a armazenagem, o manuseio de materiais, a embalagem de proteção, a programação da produção e a manutenção de informação.

Os fatores-chave de desempenho das operações da logística são modelados conforme as estratégias do negócio. Por exemplo, o transporte dá a visibilidade na cadeia, pois implica a movimentação física de materiais e dos produtos acabados. Se a responsividade for a prioridade para a estratégia competitiva, então, os serviços de transporte mais rápidos podem oferecer respostas mais rápidas aos clientes. Mas o transporte mais lento pode ser requisitado quando a prioridade é a eficiência, que pode ser alcançada pelo controle dos custos.

A gestão dos estoques, por sua vez, exige decisões a respeito do nível de estoque, que tem a ver com o período de autossuficiência para o atendimento. Numa cadeia que prioriza a eficiência, os estoques serão baixos e as instalações centralizadas. Dessa forma, trabalhamos com prazos longos de atendimento ou com o risco medido pela falta de capacidade de responder imediatamente à demanda em situações.

Para a resposta rápida, a manutenção do estoque é a solução, tanto em prazo de cobertura quanto sua dispersão em diversas instalações. Entretanto, como você já deve estar pensando, tudo isso implica custos muito altos – os custos financeiro e econômico de formar estoques e de possuir estruturas físicas para sua acomodação (armazéns ou depósitos).

Os pedidos exercem papel central nas redes de suprimentos, pois viabilizam a conexão entre os diversos estágios, permitindo a coordenação. Além do mais, como você sabe, são essenciais para a operação diária de cada estágio em uma rede de suprimentos, por exemplo, por viabilizar a sincronização dos cronogramas da produção e dos níveis de estoque. Permitem que a rede de suprimentos torne-se, ao mesmo tempo, mais eficiente e mais responsiva (reduz a necessidade do dilema). Dado o número de informações que precisam ser gerenciadas e a rapidez e a precisão de seu compartilhamento, a boa gestão dos pedidos é bastante dependente de ferramentas da tecnologia da informação. Você sabe quais são as informações valiosas a serem gerenciadas? Primordialmente, aquelas clássicas dos pedidos: para quem, quanto, onde e quando.

Trataremos, agora, dos componentes dos fatores-chave que influenciam as decisões a serem tomadas para o alcance do alinhamento das estratégias.

9.2 TRANSPORTE

A importância dos transportes parece bastante óbvia quando consideramos que quase nada é consumido no exato local onde é produzido. Então, para tudo é preciso transporte. A produção mundial de petróleo acontece em algumas regiões, mas todos os países consomem petróleo em alguma condição. Os brasileiros adoram arroz e o consomem praticamente todos os dias e em boa quantidade, mas a produção é quase toda no Rio Grande do Sul. O petróleo tem de ser transportado das fontes para os países que demandam essa fonte de energia, assim como arroz tem de ser distribuído no território brasileiro para satisfazer o consumo da população.

Transporte é a atividade de mais identidade com a logística. Além da fácil visualização da atividade e seus processos, como nos exemplos da movimentação de petróleo e arroz, a gestão do transporte nas empresas é muito relevante, pois seus custos são, em geral, bastante elevados.

Em termos da logística, o desempenho do transporte define, em grande parte, a disponibilidade dos produtos/serviços no local e no tempo desejados ou combinados, portanto, não olhamos o transporte na logística como uma simples atividade de "movimento de um ponto a outro". Como componente da logística, as expectativas quanto ao desempenho dos serviços de transporte tornaram-se mais complexas, incorporando referências como cumprimento dos prazos e melhor integração na rede de negócios – fornecedores e clientes.

Assim, se o transporte não alcançar bom nível de desempenho, suas falhas implicarão falta de itens para os fabricantes, falta de produtos nas lojas e atrasos nas entregas das compras que fazemos pela internet, por exemplo. Essa é uma maneira sempre fácil de visualizarmos como o transporte é muito atuante.

A **gestão do transporte** exige decisões sobre como movimentar materiais e produtos acabados entre diferentes pontos, as quais devem estar relacionadas – na verdade, condicionadas – à satisfação do cliente final em termos de prazos, condições de embalagem, tipo de veículo (refrigerado ou não, por exemplo). Entretanto é essencial que sejam decisões equilibradas entre custos e requisitos do cliente (prazos e outras necessidades) para que todo esse processo agregue valor ao produto ou serviço, com o menor nível de gasto possível para o fornecedor, mas que seja **viável economicamente**.

Você deve ter claro que o transporte deve ser integrado com as áreas de compras e de produção para mostrar seu valor estratégico, em vez de ser puramente reativo, ou seja, apenas atender ao que está programado pelas vendas ou expedição. Os departamentos de compras, operações e serviço ao cliente devem **compartilhar** informações com o setor de transporte sobre o que deve ser transportado e quando deve ocorrer a entrega aos clientes. Caso contrário, o transporte pode ser caro, por haver necessidades constantes de contratações emergenciais de frete, ou mesmo haver atrasos de entregas de produtos que já estão prontos e apenas esperam um veículo para chegarem às portas do cliente.

Podemos dizer que algumas decisões são as mais importantes dos transportes: aquelas de maior impacto na avaliação da atividade e na contribuição para o negócio. Elas têm a ver com os níveis de serviço (frequência e horários) a serem cumpridos, a propriedade da frota (própria ou transporte de terceiros) adequada para cumprir os acordos e manter a reputação da empresa no mercado e a forma de consolidar as cargas (lotes e localização das operações – centralizadas ou não).

9.2.1 MODALIDADES DE TRANSPORTE

Modalidades ou modais de transporte são, em verdade, a maneira como nos referimos aos meios de transporte, às formas de movimentação de mercadorias e pessoas. Embora existam diversas modalidades, as formas mais usuais e que concentram o transporte de mercadorias resumem-se a cinco: rodoviária, ferroviária, aquaviária (fluvial/hidroviária e marítima), aérea e dutoviária.

Com o crescimento das entregas diretas aos clientes finais, modalidades alternativas para cargas muito fracionadas, ou mesmo unitárias, estão ganhando importância, haja vista a circulação de bicicletas, motocicletas e a tão esperada regulamentação de drones.

Todas as modalidades têm suas características técnicas e econômicas que as tornam adequadas ou não em determinadas situações. Podemos conhecê-las no Quadro 9.1. Por exemplo, a Europa vem experimentando um crescimento vertiginoso do transporte rodoviário e, em segundo plano, do transporte aéreo, enquanto o transporte ferroviário perde espaço no mercado.

QUADRO 9.1 – CARACTERÍSTICAS TÉCNICAS E OPERACIONAIS DAS MODALIDADES DE TRANSPORTE

Modalidade rodoviária

Características	Vantagens	Desvantagens
• Baixo custo fixo • Alto custo variável (R$/km) • Adequada para movimentação de produtos industriais e de médio para alto valor, com entregas fracionadas (pedidos em pequenos lotes) em distâncias curtas (algo em torno de até 500 km)	• Flexibilidade: chega a praticamente qualquer lugar • Flexibilidade: adaptação às necessidades da carga (formato) • Disponibilidade: a qualquer hora do dia pode iniciar uma viagem e em qualquer condição do tempo • Fácil acesso para contratação • Apoia as demais modalidades	• Alto custo variável (R$/km) • Capacidade limitada dos veículos • Maior vulnerabilidade a furtos e roubos • Tempo de viagem menos previsível • Maior incidência de problemas e manutenção mecânica

Modalidade ferroviária

Características	Vantagens	Desvantagens
• Alto custo fixo • Médio custo variável (R$/km) • Adequada para a movimentação de cargas granelizadas em faixas de distâncias intermediárias, digamos, entre 600 a 1.200 km, isto é, cargas que tenham embarque e desembarque com operação em grandes volumes e sem manuseio. Por exemplo, as principais cargas de clientes das ferrovias brasileiras são minérios, grãos, fertilizantes a granel, cimento, combustível, aço e produtos siderúrgicos	• Menor custo variável (R$/km) • Alta capacidade dos veículos (70 a 100 t por vagão), composição de 40 a 400 vagões	• Baixa capilaridade • Baixa velocidade, prazos longos • Acesso para contratação limitado a grandes embarcadores • Dependência da modalidade rodoviária nas pontas (captação e entrega)

Modalidade aquaviária

Características	Vantagens	Desvantagens
• Custos fixos muito altos • Adequado para cargas granelizadas, em grande volume e de baixo valor agregado • Marítima: longo curso; Movimenta grandes quantidades de produtos entre diferentes países e/ou continentes, separados por grandes distâncias. • Cabotagem: entre dois portos na costa do mesmo país • Hidroviário/fluvial: transporte de mercadorias pelos rios	• Muito baixo custo variável (R$/km) • Alta capacidade das embarcações (porta-contêineres: até 19 mil, graneleiro: até 120 mil t, petroleiro: até 260 mil m^3)	• Baixa capilaridade • Muito baixa velocidade, prazos longos • Acesso para contratação limitado a grandes embarcadores • Dependência da modalidade rodoviária nas pontas (captação e entrega)

(continua)

(Quadro 9.1 – conclusão)

Modalidade dutoviária		
Características	**Vantagens**	**Desvantagens**
• Custos de implantação • Os dutos são tubulações desenvolvidas e implantadas para transportar produtos a granel, principalmente líquidos e gasosos • Logística própria, viável à medida que as operações atingem alta escala de. Por exemplo, as mineradoras do Estado de Minas Gerais, dada a escala de suas operações entre as minas e o porto no Espírito Santo, têm instalados 5 minerodutos, perfazendo um total de 1.336 km	• Consistência • Baixo custo variável e das operações de carga e descarga • Segurança	• Infraestrutura própria • Baixa velocidade • Baixa capacidade

Modalidade aeroviária		
Características	**Vantagens**	**Desvantagens**
• Custos fixos muito altos • Adequada para movimentação de produtos de alto valor agregado e de baixo peso e volume • Quanto à acomodação da carga, isso torna o espaço mais caro comparativamente com as outras modalidades. Veja só: Em 1 m^3 no baú do caminhão podem ser acomodados normalmente 300 kg. Mas, em 1 m^3 do compartimento de carga de um avião serão acomodados, em média, 166,7 kg.	• Rapidez • Segurança • Proporciona significativas economias em custos com formação de estoque para itens de alto custo e baixo giro	• Custo variável (R$/km) muito alto • Aeronaves têm baixa capacidade de carga • Dependência da modalidade rodoviária nas pontas (captação e entrega) • Baixa capilaridade

Muitas vezes, o uso conjugado – isto é, associado e sincronizado – de duas ou mais modalidades é necessário para complementar uma operação de transporte ou mesmo torná-la mais barata. Essa é a chamada **Intermodalidade**, que implica utilizar as modalidades naquelas características em que são mais competitivas.

Por exemplo, para distribuir carros no Nordeste do Brasil, poderia ser mais econômico para as montadoras levar os veículos novos em caminhões até os portos, onde seriam desembarcados e embarcados novamente em navios até um porto no Nordeste. Ali, ocorreria a operação inversa, embarcando os veículos novos em caminhões para distribuição aos clientes locais dispersos nas cidades da região.

Nessa operação intermodal, podemos identificar duas trocas de modalidades de transporte: do rodoviário para o marítimo e deste para o rodoviário – seria o transporte rodo-aqua-rodoviário.

9.2.2 A TOMADA DE DECISÃO PELA MODALIDADE DE TRANSPORTE

A tomada de decisão pelo uso da modalidade de transporte tem a ver com a análise entre o que se deseja com o transporte em termos de sua função logística, o orçamento disponível e o que os serviços oferecem.

A primeira expectativa quanto ao transporte pode ser o de se enquadrar em determinado orçamento e não onerar a logística além de um determinado patamar. De uma maneira mais direta, podemos dizer que, em muitas situações, desejamos que o transporte, acima de tudo, seja o de **menor custo**.

O gerenciamento dos custos de transporte é definido sob alguns parâmetros básicos, como distância (quilômetro percorrido pelo veículo – referência principal do custo variável), tipo de equipamento (modalidade e veículo – referência principal do custo fixo) e ocupação dos veículos nas viagens (referência principal da produtividade).

De qualquer forma, as características técnicas das modalidades, por si só, têm implicações nos custos fixos e variáveis. Os **custos fixos** refletem, principalmente, os gastos com infraestrutura e com veículos para prestar o serviço; já os **custos variáveis** têm a ver com as viagens, sendo a quilometragem a principal referência.

Assim, a modalidade rodoviária apresenta baixos custos fixos porque seus veículos são, comparativamente, mais baratos do que os das outras modalidades e a infraestrutura, as estradas, são de propriedade e responsabilidade do Estado. Dessa forma, os custos variáveis tendem a ser a parcela mais importante, que se referem aos gastos incorridos com as distâncias percorridas.

A modalidade ferroviária tem custos fixos mais altos. A construção de ferrovias é bastante cara, assim como os veículos ferroviários. Além do mais, o operador da ferrovia também tem o ônus de construir e manter a estrada ferroviária. Uma vez em movimento, o transporte ferroviário é relativamente barato – o custo da distância percorrida é menor.

A modalidade aquaviária tem custos fixos ainda mais altos do que aqueles da ferrovia – os terminais são mais caros e os navios custam mais do que locomotivas e vagões. Os custos variáveis são ainda mais baixos.

O transporte aéreo tem a infraestrutura e os veículos mais caros comparativamente às demais modalidades, assim como os custos da distância percorrida são bastante elevados. É uma modalidade adequada para cargas de alto valor e que tenham peso baixo e embalagens pequenas, conforme já dissemos.

Podemos comparar o desempenho das modalidades de transporte para entender como elas, de fato, competem entre si pela movimentação de cargas na economia. Como ilustrado no Gráfico 9.1, se você entender que o eixo das abscissas representa o custo fixo e que a inclinação das curvas de custos das modalidades representa os custos variáveis unitários (R$/t.km), acreditamos que compreenderá, com razoável facilidade, esse processo de competição entre modalidades.

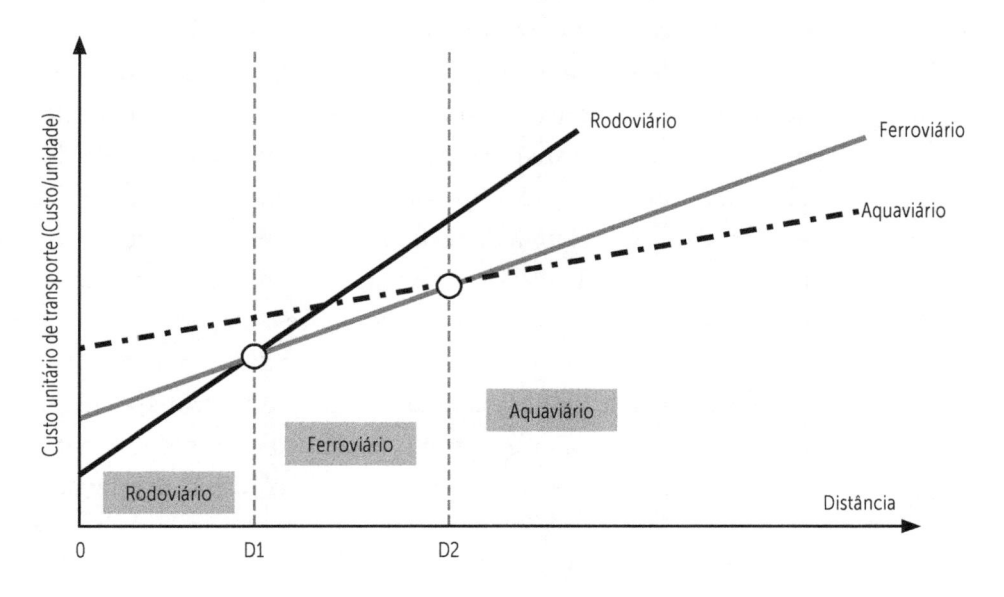

GRÁFICO 9.1 – REPRESENTAÇÃO DOS CUSTOS DE TRANSPORTE PARA AS MODALIDADES CONVENCIONAIS

Assim, na faixa de distância de 0-D1 km, a modalidade que apresenta o menor custo é a rodoviária. Na faixa intermediária, D1-D2 km, a modalidade ferroviária é mais competitiva. Na faixa superior a D2 km, a modalidade aquaviária apresenta o menor custo total de transporte.

Mas existe uma regra:

> Quanto maior a distância e maior a quantidade a ser transportada, maior deve ser a capacidade individual dos veículos a serem utilizados!

Como você concluiu, além dessas diretrizes e das forças naturais do mercado (demanda e oferta) para fixarem o frete, existem outras relações que influenciam a formação do valor. As variáveis *distância* e *quantidade a ser movimentada*, conjuntamente, influenciam as decisões quanto ao veículo adequado, conforme a capacidade de carga e quanto ao comportamento do frete, de acordo com a distância.

Existe uma relação aparentemente paradoxal entre custos do transporte e o frete, que é explicada pelas **economias de escala** e **de distância** que agem na formação do frete. Pela economia de escala, podemos visualizar que a relação frete/quantidade forma uma curva convexa, com implicações de o custo da carga transportada cair quando a capacidade do veículo aumenta. As economias de distância evidenciam que, como cai a importância dos custos fixos à medida que as distâncias aumentam, então, a relação frete/distância é decrescente, produzindo uma curva de formato côncavo.

Juntas, as economias de escala e de distância nos ensinam que o veículo de capacidade ótima para o transporte de cargas tende a aumentar com o aumento da distância e da quantidade, e vice-versa. Observe, no Gráfico 9.2, essas relações.

GRÁFICO 9.2 – ECONOMIAS DE ESCALA E DE DISTÂNCIA QUE AGEM NA FORMAÇÃO DOS FRETES

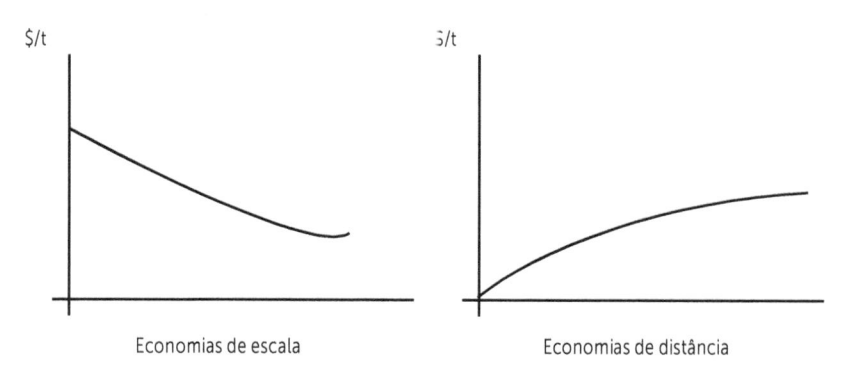

Atente, porém, que não apenas o custo define a modalidade e o serviço de transporte a ser contratado. O desempenho em **outras dimensões** pode auxiliar a definição do que seria um serviço adequado a uma necessidade (Bowersox; Closs; Cooper, 2008), como:

- **Velocidade**: Tempo gasto em trânsito.
- **Disponibilidade**: Capacidade de atender a qualquer origem e destino.

- **Confiabilidade**: Potencial de variação no tempo total de prestação do serviço.
- **Capacidade**: Condição de manipular qualquer carga e em qualquer quantidade.
- **Frequência**: Capacidade de atender a qualquer momento.

Você deve sempre ter em conta, entretanto, a forte relação que o transporte mantém com a formação de estoque. Isso quer dizer que a tomada de decisão pela modalidade mais econômica precisa contemplar os custos com a formação de estoque que serão resultantes do desempenho do transporte.

9.3 GESTÃO DOS ESTOQUES

A **gestão dos estoques** para fins de logística exige garantir disponibilidade de produtos. Estoques têm como objetivo equilibrar as quantidades demandadas com aquelas ofertadas no mercado. Se a produção de tudo fosse instantânea, num clicar do *mouse*, sem dúvida, não haveria qualquer necessidade de estoque.

Formar estoques, porém, requer altos custos financeiros e econômicos. O grande desafio da gestão de estoques é garantir a disponibilidade a um custo mínimo. Isto é, o risco de faltar produtos tem de ser muito bem avaliado.

Home Depot, uma empresa americana do varejo de materiais de construção, decidiu reduzir os estoques de produtos que mantinha de semanas para apenas alguns dias. Essa experiência foi um sucesso! E ainda projetava crescimento das vendas sem mais produtos em estoque. Uma estratégia de estoques com grande contribuição para o resultado financeiro do negócio! Iremos aprofundar essa situação desse varejista mais adiante, como um estudo de caso.

Já na Under Armour, empresa do segmento de material esportivo, o aumento das receitas foi anulado pelo aumento dos estoques. Embora as receitas tenham subido 8% em 2017, esse crescimento, no entanto, foi compensado pela elevação dos custos da ordem de 11%.

A administração desses estoques envolve alguns processos básicos para sua eficiência. Os principais passos são:

- **Gestão**: Planejamento do que será necessário para não comprometer os recursos da empresa e para o abastecimento das necessidades dos clientes.
- **Compra**: Necessária para evitar a falta da mercadoria; deve ser orientada de acordo com os recursos disponíveis na empresa.
- **Recebimento**: Deve ser orientado para que a entrada e a saída da mercadoria não comprometam as necessidades de atendimento do cliente, o que deve ser observado para não comprometer espaços físicos sem necessidade.
- **Armazenagem**: Deve garantir a qualidade de armazenamento, não só no recebimento, mas também na entrega ao consumidor final.
- **Estoque/controle**: Visa garantir as quantidades e os valores dos materiais que são de responsabilidade do almoxarifado. O inventário é a auditoria do armazém, garantindo os valores que são contabilizados pela empresa.

Mas estamos falando de estoque de quê? Quando falamos em *estoque*, podemos nos referir ao estoque de matéria-prima, de produto em fase de produção (ainda não acabado) e de produtos acabados e prontos para serem colocados no mercado, como ilustrado na Figura 9.1.

FIGURA 9.1 – DIFERENTES TIPOS DE ESTOQUE

→ Matéria-prima

→ Produto em processo

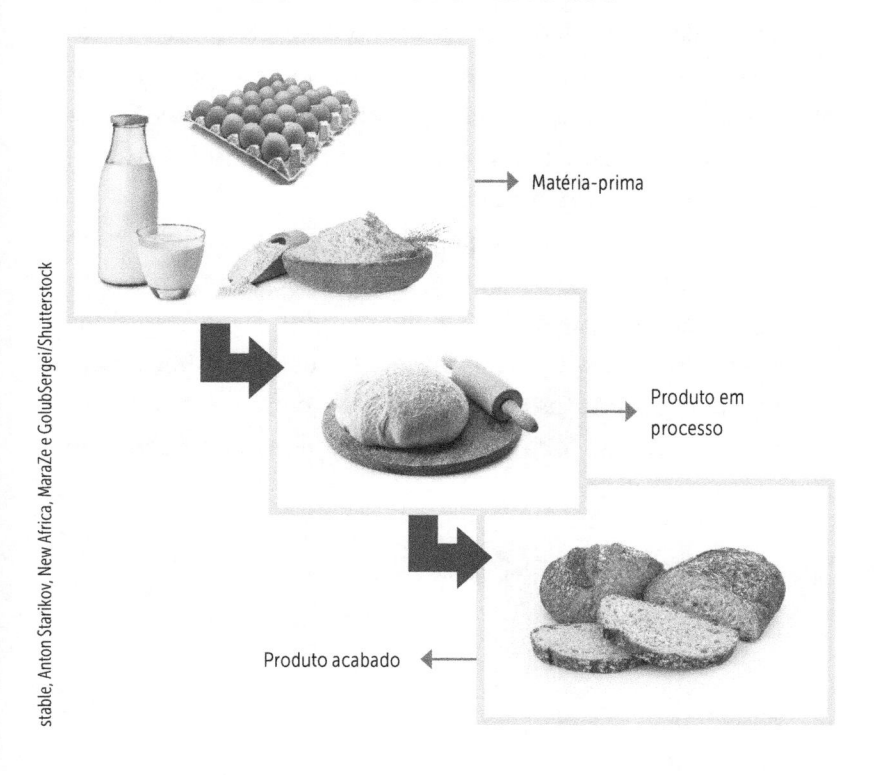

← Produto acabado

stable, Anton Starikov, New Africa, MaraZe e GolubSergei/Shutterstock

Na logística, a importância dos estoques é que eles adicionam valor de **tempo** ao produto. Isso quer dizer que a função dos estoques é **satisfazer o desejo dos produtos serem consumidos quando os clientes desejarem ou necessitarem**. Dessa forma, você deve compreender que o papel estratégico na logística é definir quanto manter em estoque para garantir determinada disponibilidade de produto, tomando decisões como os níveis de estoques, a previsão de vendas, a composição do *mix* (variedade) de produtos no estoque e as estratégias de produção.

> Não se deve confundir *estoque*, que é estratégico na logística, com *armazém*, uma estrutura física onde são guardados (armazenados) os produtos que esperam a vez de serem requisitados para consumo.

Assim, entenda que o objetivo é atingir um nível adequado de disponibilidade dos produtos, mantendo os estoques tão baixos quanto possível, sem comprometer a condição dos clientes de consumir e sem agregar custos demasiados. É uma grande equação, considerando-se que a demanda futura é desconhecida, ela é apenas estimada.

Veja, pelo Gráfico 9.3, por exemplo, que é fácil ter tudo o que o cliente quer, basta ter estoque. Quanto maior o estoque (valor do estoque em R$), mais pedidos serão atendidos. No entanto, ter estoque custa dinheiro – custa o dinheiro para a compra dos produtos que ficam no estoque e o que é aplicado num item que foi produzido, ou comprado, e pode nem mesmo ser vendido.

GRÁFICO 9.3 – RELAÇÃO ENTRE O VALOR MANTIDO EM ESTOQUE E O NÍVEL DE SERVIÇO ATINGIDO

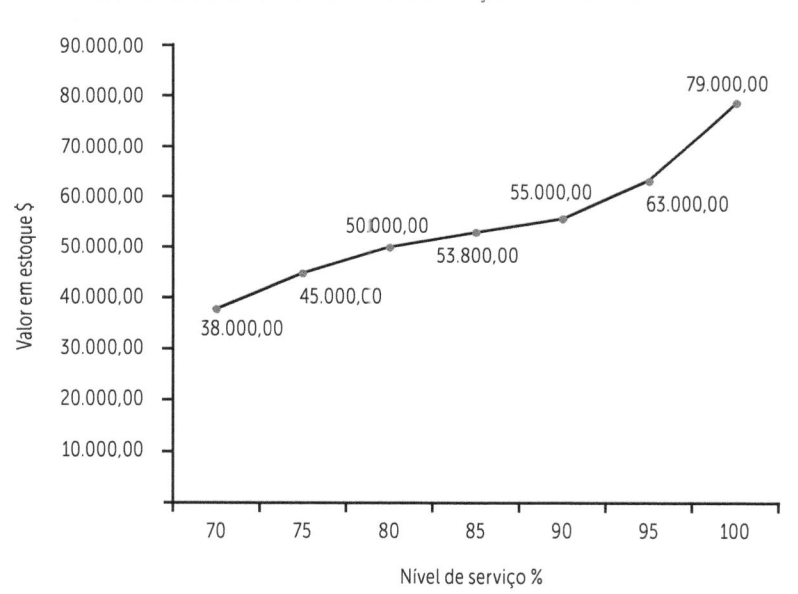

O estoque, portanto, deve ser gerenciado para que não afete o capital de giro da empresa, mas também não afete a disponibilidade do produto para o consumidor final. Esse conceito é importante, pois auxilia a empresa a definir a quantidade que deve comprar para atender à demanda, sem criar estoque em excesso ou gerar falta de produtos.

9.4 GESTÃO DAS INFORMAÇÕES

Como você já compreendeu, logística é serviço ao cliente, e a peça básica, a primeira, que dá início aos processos da logística, é a entrada de pedido dos clientes. **Tudo começa com a entrada do pedido ou intenção de atender um pedido e termina com a entrega do produto ao cliente; em alguns casos, continua com serviços de manutenção ou equipamentos, ou outro suporte técnico**.

Com base na gestão do pedido, as empresas definem se podem atender, se precisam produzir para atender, como estruturar o serviço para entregar o produto e tudo mais, por isso o pedido é básico.

Mas não para por aí. Começa a contagem de tempo... O cliente começa a contar cada segundo entre o pedido feito e o produto ser recebido. A gestão do pedido é uma importante medida de desempenho da logística das empresas porque quanto menor o tempo, melhor a logística. Todos temos pressa!

A Figura 9.2 ilustra os componentes principais do ciclo de atendimento aos pedidos dos clientes. Entre esses componentes, o processamento de pedidos corresponde a cerca de 50% a 70% do total do tempo do ciclo do pedido. Portanto, se houver uma gestão eficiente desse componente, todo o processo de atendimento ao cliente será agilizado. É uma corrida contra o tempo. E parece que sempre as coisas conspiram para que os problemas coloquem barreiras ao atendimento.

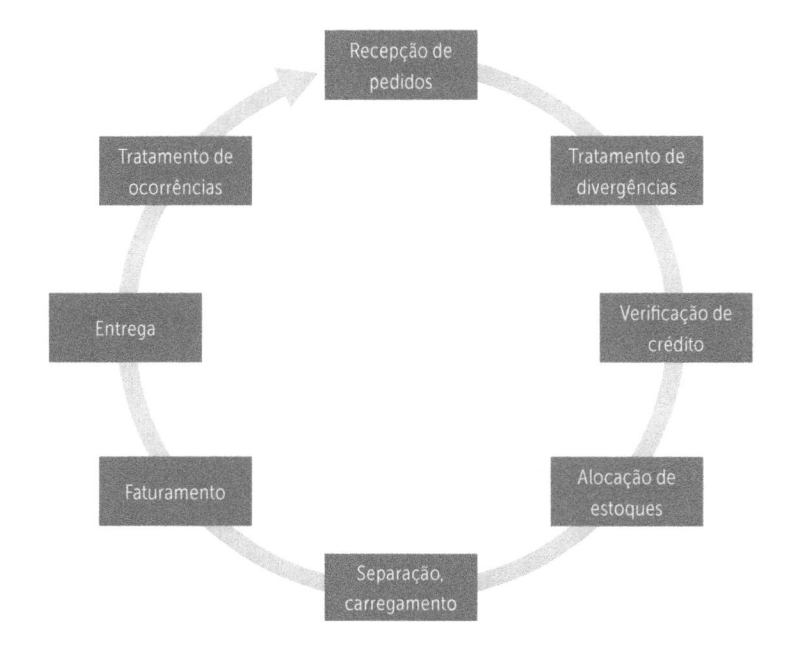

FIGURA 9.2 – CICLO DO PEDIDO: CAMINHO QUE O PEDIDO PERCORRE DESDE A SUA GERAÇÃO ATÉ A SUA CONCLUSÃO

Ciclo do pedido:
- Recepção de pedidos
- Tratamento de divergências
- Verificação de crédito
- Alocação de estoques
- Separação, carregamento
- Faturamento
- Entrega
- Tratamento de ocorrências

Fonte: Elaborado com base em Bertaglia, 2009.

A gestão do pedido é de suma importância porque afeta diretamente o atendimento ao cliente em relação a tempo, confiabilidade e segurança da entrega. Além do mais, a boa gestão das informações dos pedidos já dá condições para o planejamento e a execução da logística diferenciada, aquela que agrega valor por acertar mais as condições em que o cliente tem interesse, dentre elas, possivelmente, prazos, qualidade ou custos mais baixos.

Você sabe quais informações são usuais nos pedidos?

- qual empresa comprou;
- o que comprou;
- quanto comprou;
- quando tem de entregar;
- onde tem de entregar.

Quando acumulamos pedidos, podemos construir o histórico dos clientes – fonte rica de informações para o negócio. Com base no histórico dos pedidos, podemos conhecer melhor cada cliente, a frequência de seus pedidos, se há sazonalidade nas suas compras (variações cíclicas ao longo do ano), itens mais pedidos e tudo mais. No conjunto dos pedidos, podemos analisar de onde (cidade, região) vêm os pedidos, quais são os produtos de maior sucesso e outras informações. Assim, podemos tomar decisões como alocar novos vendedores ou depósitos em uma região e mesmo aumentar a produção de determinados itens ou definir novas estratégias de *marketing*.

Quanta informação podemos tirar dos pedidos, não é mesmo?

Sem informações, as decisões sobre programação da produção e os níveis de estoque serão baseadas na intuição/adivinhação. Mas, como você já deve ter concluído, com as informações dos pedidos e dos clientes devidamente gerenciadas, estarão sob domínio as características da demanda, as especificidades técnicas dos fornecedores e os prazos, o que permitirá, por exemplo, definir a programação da produção e dos níveis de estoque que maximizam a lucratividade.

Para auxiliar na gestão do pedido e, consequentemente, na gestão do serviço ao cliente, é necessário ter um sistema de informação eficiente. As tecnologias, então, apoiam o processamento das informações. O apoio pode ocorrer para a gestão dos fluxos, para mais conhecimento da demanda e para a melhoria das práticas.

As tecnologias aplicadas ao **fluxo de produtos** permitem menos erros em termos de pedidos, quantidades, variedade (*mix*) e entregas. Uma dessas, de grande receptividade entre as empresas, é o EDI (*Eletronic Data Interchange*), ou a troca eletrônica de informações. Esse sistema tem o conceito de minimizar erros nos pedidos e pode ser concebido pelo intermédio do *e-mail* e, até mesmo, de sistemas mais sofisticados, em que as informações sobre o nível de estoque do cliente são compartilhadas e a decisão de ressuprimento é disparada automaticamente. Esse sistema pode abranger todas as operações das empresas com seus fornecedores e clientes: pedidos, confirmação de compras, emissão de notas fiscais, acompanhamentos de despacho das mercadorias etc.

As tecnologias podem apoiar a logística também na gestão das informações do pedido de forma a atender melhor ao **mercado**. Por exemplo, a Amazon.com inovou ao gerenciar os acessos e compras pela *web*, analisando informações das compras e criando perfis de clientes.

Cruzando informações de endereço, cartão de crédito, destinatários de presentes, histórico de visitas e histórico de compras, passou a formular estratégias de *marketing* para oferecer outros produtos que poderiam ser de interesse enquanto o cliente efetivava suas compras.

Como você analisou no Estudo de caso apresentado no Capítulo 5, a Zara é outra empresa que tem, na informação, a principal atividade de sua logística, e é a base de seu modelo de negócios **responder rapidamente** às tendências da moda e do mercado, em vez de tentar influenciá-lo. A empresa acompanha as vendas de cada loja e os acessos aos *sites* para tomar a decisão do que deve produzir e do que deve deixar de produzir. Seu centro de decisão sabe, a todo momento, o que acontece nas lojas. Se você comprar uma camisa numa loja Zara, o Departamento de Vendas pode saber de imediato que esse modelo convenceu um cliente e decidir aumentar a produção.

Informação é tudo, não é mesmo? Mais do que isso, estamos na era do *big data*. Com um volume cada vez maior de dados disponibilizados na internet, por meio de navegação e postagens em *sites*, *blogs*, redes sociais – chamados de *dados não estruturados* – empresas de tecnologia desenvolveram sistemas capazes de capturar esses dados e analisá-los.

Dessa forma, você pode ser surpreendido ao entrar numa loja de eletrônicos e um vendedor lhe oferecer o produto exatamente como o que você pesquisou na internet pouco tempo antes; ou uma prefeitura pode antecipar em três dias, com precisão, o risco de desabamento de uma área; ou uma empresa aumentar sua participação de mercado com base na previsão de demanda de um determinado produto analisando os dados estatísticos coletados em tempo real.

A companhia aérea LATAM, por exemplo, já investe na ideia e usa séries históricas de dados de manutenção corretiva e preventiva combinados com ferramentas de estatísticas para projetar a demanda futura por esses serviços.

Dessa forma, consegue planejar, com uma antecedência de 18 meses, a mão de obra e os materiais necessários para os serviços de manutenção, evitando desperdícios.

Outras tecnologias permitem que as práticas sejam melhoradas, entre elas, as práticas de controle de estoque e de integração com fornecedores e clientes para aprimoramento do planejamento conjunto clientes-fornecedores. Por exemplo, alguns fornecedores estão disponibilizando funcionários para gerenciar o estoque de seus itens em seus principais clientes, pois essa atitude colaborativa, ao mesmo tempo em que aprimora as quantidades pedidas, também ajuda o fornecedor a conhecer sua demanda real e suas flutuações dadas pela sazonalidade. Assim, o fornecedor ganha melhores condições de programação de sua produção.

Os sistemas ERP (*Enterprise Resource Planning*) também ampliam esse conceito de forma mais abrangente, para dentro da empresa, entre seus departamentos e filiais, e para seus principais fornecedores e clientes. O ERP é uma só grande base de dados corporativa, com módulos relacionados a operações, à gestão financeira/contábil/fiscal e à gestão de recursos humanos. O interesse principal é aumentar a capacidade de planejamento. Os módulos estão preparados para fornecer as seguintes informações básicas (Corrêa; Gianesi; Caon, 2001):

- Operações:
    - previsões/análise de vendas;
    - listas de materiais;
    - programação-mestre de produção/capacidade aproximada;

- planejamento de materiais;
- planejamento detalhado de capacidade;
- compras;
- controle de fabricação;
- controle de estoque;
- engenharia;
- distribuição física;
- gerenciamento de transporte;
- gerenciamento de projetos;
- apoio à produção repetitiva;
- apoio à gestão de produção em processos;
- apoio à programação com capacidade finita de produção discreta;
- configuração de produtos.

• Gestão financeira/contábil/fiscal:

- contabilidade geral;
- custos;
- contas a pagar;
- contas a receber;
- faturamento;
- recebimento fiscal.
- contabilidade fiscal;
- gestão de caixa;
- gestão de ativos;
- gestão de pedidos;
- definição e gestão dos processos de negócio.

• Gestão de recursos humanos:

- pessoal;
- folha de pagamentos;
- Recursos Humanos (RH).

9.5 DECISÕES SOBRE AS INSTALAÇÕES

Definir **instalações** na logística envolve decisões sobre localização, quantidade, qualidade e capacidade das unidades físicas. Estamos pensando em unidades de produção, unidades de armazenagem, como depósitos ou centros de distribuição, e mesmo em unidades de varejo.

Essa atividade logística é tão mais importante quanto maior a amplitude geográfica de atuação das empresas. Portanto, as empresas serão mais impactadas pelas decisões dessas atividades quando têm produção local e atuação global, nacional e fornecedores globais.

Uma primeira decisão sobre instalações pode dizer respeito à localização. Diversos fatores podem influenciar a localização de uma fábrica, de depósitos ou de lojas, como a proximidade de fornecedores, o custo de transporte da matéria-prima, a proximidade do cliente ou do principal mercado, a disponibilidade de infraestrutura (rodovias, aeroportos, universidades) e os custos locais, como impostos e salários.

O fato é que há sempre diversas alternativas de onde a empresa pode se instalar e a escolha é uma questão estratégica, pois deve ser cuidadosamente analisada, conforme alguns critérios que sejam colocados como prioritários.

Vamos usar como exemplo, mais uma vez, o Estudo de caso que você conheceu no Capítulo 5 para citar que a Zara explora as alternativas de localização da produção alinhadas às estratégias para linhas de produtos, com base na localização dos seus fornecedores. A empresa tem fornecedores classificados em dois grupos: por proximidade (Espanha, Portugal, Marrocos e Turquia) e os demais. Para produtos da moda, que devem ter "vida mais curta", as tendências passageiras, ou novidades que entraram no mercado, ou produtos que decidiram incluir de repente em suas coleções porque perceberam demanda, a Zara aciona os fornecedores próximos para aumentar a rapidez de colocação de produtos nas lojas. Já as fábricas mais distantes – Índia, Bangladesh, China ou Brasil – responsabilizam-se por peças mais básicas ou produtos de uso mais flexível, onde são produzidos a custos mais baixos.

Segundo Moss (2018), apesar de todas as tentativas da administração Trump para levar de volta as cadeias globais de suprimentos automotivos para os Estados Unidos, analistas esperam que a General Motors e outras montadoras ocidentais aumentem a produção na China. Especialistas dizem que os fabricantes de automóveis precisam que suas fábricas estejam próximas dos clientes para obter lucros. A cadeia de suprimentos seria muito longa e os custos de logística muito altos para exportar dos Estados Unidos.

Por sua vez, a fabricante alemã de plásticos Covestro AG, que tem atuação global, acredita que a disseminação de seus locais de produção reduzirá os custos de transporte, juntamente com a incerteza. Segundo Trentmann (2018), a empresa está investindo em nova fábrica, perto de Houston, nos Estados Unidos, em um esforço para equilibrar os custos com transportes em suas operações globais e reduzir sua exposição a potenciais barreiras comerciais. A empresa concentrou-se perto do Porto de Houston por causa de suas redes de logística, conectando-se a clientes norte-americanos.

E tudo isso é dinâmico. A Adidas, por exemplo, depois de produzir seus materiais esportivos por mais de 30 anos na Ásia, retornou à Alemanha por causa do aumento dos custos da mão de obra, agora, robotizando a produção no Ocidente.

Outra decisão de alta relevância é a de centralizar ou descentralizar, o que, na prática, significa decidir ter uma ou várias unidades, ou seja, **quantas unidades**. **Centralizar** exige trabalhar em grandes unidades – grandes fábricas, grandes depósitos, ou mesmo grandes centros de distribuição – para se atingir economias de escala, ou seja, menores custos unitários das unidades (R$ por produto produzido ou R$ por produto armazenado), enquanto **descentralizar** demonstra prioridade em aumentar o nível de serviço, isto é, estar mais próximo dos clientes, com muitas unidades para atendê-los mais rapidamente.

As instalações/armazéns podem ter algumas das seguintes funções básicas:

- **Manuseio de produtos**: Significa receber o produto e direcioná-lo para o reenvio ou para o armazenamento com o objetivo de minimizar o manuseio e o tempo gasto.
- **Armazenamento de produtos**: Significa guardar os produtos quando chegam ao armazém com o objetivo de otimizar o espaço de armazenagem.
- **Serviços agregados**: São atividades que agregam valor para o cliente, como rotulagem/etiquetamento, embalagem, montagem final, mistura e recebimento de devoluções.

Há várias decisões envolvidas na gestão desses pontos de armazenagem/distribuição, como o projeto do armazém – sua forma e seu arranjo físico, entre outros. Essas decisões são importantes para a redução do tempo de recebimento, armazenagem, expedição e, consequentemente, aumento do nível de serviço da instalação.

9.6 APOIO DAS TECNOLOGIAS E APLICAÇÕES NA LOGÍSTICA

À medida que a complexidade aumenta, as operações demandam maior apoio de ferramentas tecnológicas para ampliar a consistência. Essas ferramentas estão presentes na gestão das informações e também na gestão dos fluxos de produtos nas redes de suprimentos.

Transmissão de dados por radiofrequência (RFID)

A identificação de produtos por radiofrequência, ou **RFID** (*Radio-Frequency Identification*), utiliza etiquetas para captar, processar e armazenar dados (Figura 9.3) e sua contribuição para a gestão é enorme. Se a substituição da era dos registros manuais pelo código de barras já representou importante avanço na produtividade, na precisão e nos processos de registro informações, o uso da tecnologia RFID permite potencializar os ganhos do código de barras, com a grande vantagem do número de informações e a interatividade com outras ferramentas para a análise, interface e definição de ações e estratégias.

FIGURA 9.3 – ILUSTRAÇÃO DA TECNOLOGIA RFID E SEUS COMPONENTES

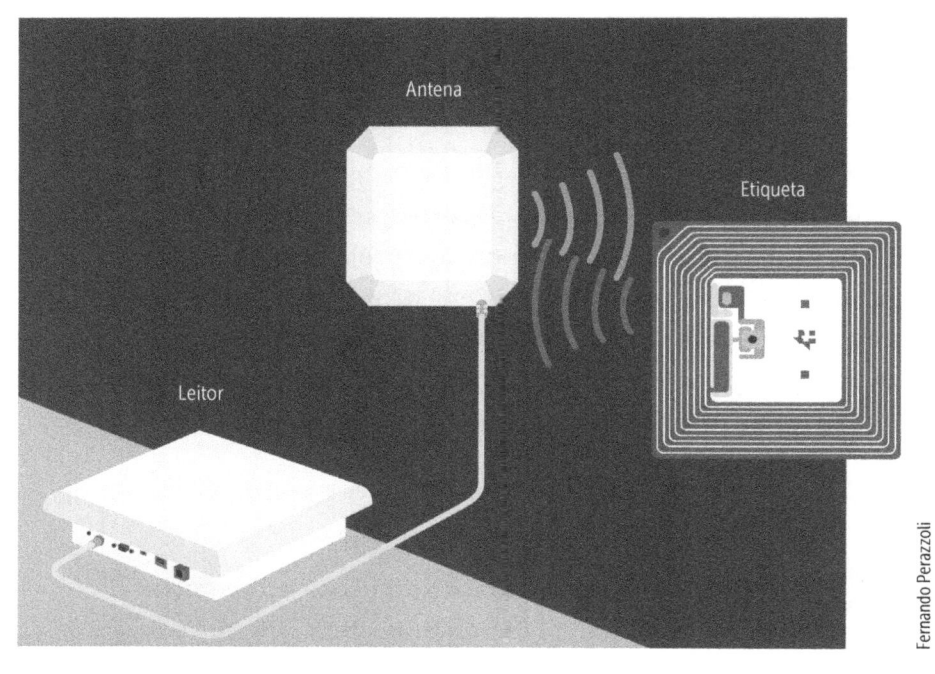

Fernando Perazzoli

Imagine o que seria achar uma encomenda no meio de um depósito! Nada de tão difícil assim quando se usa a identificação por radiofrequência ou RFID.

Além do controle de presença, a tecnologia também pode ser usada para todos os processos de entrada e saída, controle de umidade e temperatura, prazo de validade etc. As vantagens de precisão de localização e de identificação também permitem a formação de negócios mais enxutos em termos de pessoal.

Imagine o caso de uma empresa de varejo que pode operar com mais eficiência utilizando dispositivos com o apoio da radiofrequência, ou RFID, na localização de encomendas e na fiscalização de usuários, como ilustra a Figura 9.4.

FIGURA 9.4 – EMPRESA DE VAREJO QUE UTILIZA A TECNOLOGIA RFID

Tecnologias aplicadas à gestão de armazéns – *Warehouse Management System*

A medida que o número de produtos comercializados, considerando a variedade de itens e suas quantidades, resultado, nesse caso, do crescimento do porte dos negócios, administrar estoques, compras e localizar itens passaram a ser uma questão crítica.

O uso de tecnologias como a identificação de produtos por radiofrequência, ou RFID, proporcionam um apoio fundamental.

As estruturas de armazenagem têm atingido proporções gigantescas e o gerenciamento de entradas, de saídas e dos itens em estoque é uma questão crítica, haja vista o volume financeiro que implica o capital que está ali investido em produtos.

Além do mais, as tecnologias proporcionam o apoio decisivo também nas operações. A decisão de onde localizar os itens, assim como a localização precisa para a retirada e posterior entrega, representam economias significativas.

Essas tecnologias podem ser integradas em *softwares* que gerenciam armazéns nas suas mais diversas operações, não só nas tradicionais entradas e saídas, mas também no endereçamento de produto de consumo de mesmas famílias (higiene, limpeza, alimentícios etc.), bem como na formação de lotes de acordo com o histórico de vendas.

Esse grupo de *softwares* baseados nessa tecnologia é conhecido como **Warehouse Management System** (WMS), uma ferramenta de automação para análise, planejamento e controle de um armazém. O sistema centraliza as informações em um banco de dados, que é atualizado em tempo real baseado na situação das prateleiras do estoque.

Ele toma decisões de alocação de produtos de forma autônoma, conforme a entrada e a saída de produtos, e permite que as informações sobre qualquer produto do estoque (tipo, quantidade, localização, data de entrada etc.) sejam acessíveis.

O WMS apoia decisivamente os principais desafios das atividades de gestão de um armazém, que são: **diminuir** a quantidade necessária de qualquer produto em estoque, pela precisão que a ferramenta proporciona; **otimizar a utilização do espaço físico** da empresa destinado a armazenar os produtos, pela alocação mais adequada dos produtos; e **agilizar** a localização e despacho dos produtos armazenados. Quanto maior a variedade e o volume de unidades, maior a contribuição potencial dos *softwares* WMS.

Um sistema de WMS permite a criação de interfaces com sistemas ERP, MRP e outros *softwares* de gestão, lidando automaticamente com inventários, processamento de pedidos e devoluções.

ESTUDO DE CASO
DANONE USA A LOGÍSTICA COMO ESTRATÉGIA PARA ALCANÇAR A LIDERANÇA NO MERCADO

A Danone é uma empresa brasileira que apresenta um caso em que usou a logística como estratégia para atingir a liderança no mercado do Nordeste do Brasil. No caso, o interesse da empresa, o foco da estratégia, era a redução dos prazos de entregas dos produtos no varejo.

A empresa vinha experimentando perda de participação no mercado, uma vez que o tempo para levar os produtos de Poços de Caldas (MG) aos clientes do Nordeste brasileiro era muito longo. Sendo assim, os varejistas estavam reduzindo as compras dos produtos das empresas, pois o prazo que lhes restava para a venda, em relação ao prazo de validade, era muito curto.

Para aumentar esse prazo de venda dos varejistas, a empresa decidiu, em vez de promover alterações no transporte, reduzir as distâncias: adquiriu um laticínio desativado em Maracanaú (CE) e o colocou novamente para funcionar.

Desenvolveu parceria com um operador logístico na gestão de um centro de distribuição e nas entregas, que também operava para outras empresas de porte no segmento de refrigerados e congelados, como BRFoods e Seara, obtendo ganhos de eficiência e de custos.

Com isso, o resultado pretendido foi alcançado. Houve aumento da disponibilidade de produtos, proporcionando aumento de faturamento, e a Danone alcançou a liderança no mercado regional.

Fonte: Elaborado com base em Marino, 2013.

9.7 ESTRATÉGIA LOGÍSTICA E OS FATORES-CHAVE DE DESEMPENHO

A logística é, eminentemente, um serviço. Um serviço que acompanha um produto e, muitas vezes, a avaliação de seu desempenho interessa até mais do que o produto. Por exemplo, quanto mais rápido um pedido é entregue, melhor! Lojas ou fornecedores que têm sempre o que precisamos crescem em nossa reputação – e, assim, nos fidelizam.

9.7.1 DE ONDE VEM A COMPETITIVIDADE PROPORCIONADA PELA LOGÍSTICA?

A boa gestão dos custos logísticos também interessa: se você pode comprar o mesmo produto, mas um vendedor lhe oferece um preço inferior ao do concorrente, você vai comprar com ele, que conseguiu otimizar seus processos logísticos e, assim, transferir parte desses ganhos para o preço. Certo?

Enfim, a boa logística aumenta o faturamento das empresas. Além disso, torna a empresa mais competitiva, pois ela deverá ter melhor desempenho nos seus processos de gestão dos pedidos, desde recebê-los até a entrega dos itens ser concretizada, sem erros; dimensiona melhor a demanda, de forma a não comprometer em excesso seus recursos com capital para a formação de estoques nem perder vendas; gerencia melhor as necessidades de espaço para armazenagem e o transporte... Satisfaz mais os clientes na qualidade do serviço e a um custo competitivo.

> Dessa forma, podemos entender que o balizador da geração de diferenciais da logística é a qualidade dos serviços em relação aos seus custos.

Veja o caso de como esse equilíbrio pode acontecer. Para determinados negócios, o cliente sempre precisa ter o produto imediatamente após a necessidade aparecer. Se você pensar na situação em que o carro de um amigo apresenta um defeito, parece que o exemplo pode ser bem ilustrativo. Seu amigo, ao buscar um diagnóstico, vai querer comprar a peça o mais rápido possível para ter seu carro funcionando de volta. Uma boa casa de peças na concepção dele é aquela em que ele procurou e encontrou a peça. Ele vai falar para seus amigos e familiares. Ele vai fazer propaganda de graça!

A loja de peças tem disponibilidade, uma primeira medida de logística. Seu amigo ponderava o tempo que cada loja prometia providenciar uma peça para ele, mas o que ele queria mesmo era ter a peça imediatamente. Essa é uma medida de contraponto: o tempo. Quanto mais tempo transcorrer para a solução ou a finalização de um serviço ou processo (de compra, por exemplo), pior é a logística.

Mas por que muitas lojas não tinham a peça e essa tal loja "abençoada" pelo seu amigo tinha em estoque? Será que ela tinha estudos de vendas e fez uma boa previsão de demanda? Pode ser. Ter estoque, como você já sabe, implica acumular alguns custos. Nesse caso, seu amigo continuaria satisfeito e falando bem, mesmo se a peça que ele conseguiu imediatamente custasse um pouco mais cara, digamos 7% mais, do que ele poderia obtê-la se pudesse esperar mais quatro dias?

Quer dizer, quem tem melhor logística pode ter custos maiores ou margens maiores, mesmo assim, terá o reconhecimento de sua competência.

Mas isso nem sempre ocorre. Quando não é possível pagar nada a mais, então a logística vai gerar diferenciais quando conseguir fazer conforme o cliente precisa, ao custo que ele pode pagar.

Já pensou por que o minério percorre as maiores distâncias utilizando o transporte ferroviário?

Sim. Mesmo sendo muito mais lento, o transporte ferroviário é aquele que apresenta o custo adequado às mineradoras, dado o preço do minério, que é ditado no mercado internacional. Caso contrário, as mineradoras perdem competitividade, perdem mercado.

9.7.2 ESTRATÉGIAS LOGÍSTICAS E DE REDES DE SUPRIMENTOS

De forma jornalística, podemos ilustrar que as expectativas estratégicas da logística referem-se à necessidade das empresas de disponibilizar **o produto certo, na quantidade certa, na condição certa, no lugar certo, na hora certa, para o cliente certo e ao custo certo**.

Em um cenário de crescente competição e de captura de valor nos relacionamentos interorganizacionais, a logística tende a se configurar como elemento crítico devido à sua importância para o gerenciamento da cadeia de suprimentos. A importância da logística também se fortalece na medida em que a padronização de ofertas e o aumento da facilidade de acesso a novas tecnologias colocam em questionamento a diferenciação por produto, promoção e preço, uma vez que elas podem representar vantagens competitivas não sustentáveis.

Nesse caso, o desenvolvimento de serviços – dentre os quais se destacam os de logística – poderiam nortear a busca por vantagens competitivas mais duradouras (Bowersox; Closs; Cooper, 2008).

Peter Drucker, nos anos de 1960, já alertava para os líderes empresariais olharem para a logística como última fronteira de redução de custo (Drucker, 1962) e também como uma área que agrega valor ao serviço prestado ao cliente, impactando as vendas e, consequentemente, os lucros. Para Ballou (2006), o desafio da proposição estava na mensuração dos efeitos que a concepção da logística "além redução de custos" teria nas vendas e nos lucros, ou seja, como provar o "valor" da logística para os negócios.

O escopo da logística ampliou-se para a dimensão das redes de suprimentos. Nesse caso, a *supply chain management* (SCM) incorpora a integração entre operações na cadeia, portanto, indo além da logística (Cooper; Lambert; Pagh, 1997). Segundo os autores, o escopo da SCM pode ser definido em termos de número de empresas envolvidas, bem como pelas suas atividades e funções, sendo preponderante a integração entre estas.

Fundamentalmente, o caráter estratégico das redes de suprimentos se faz presente por potencializar elos integrados e coordenados via processos logísticos (Mentzer et al., 2001), uma vez que incorpora o planejamento e a gestão de todas as atividades logísticas. Nesse contexto, a gestão de redes de suprimentos cria vínculos e coordena processos de outras organizações da cadeia, desde os fornecedores até o cliente final (Christopher, 2009).

Para Christopher (2009), o novo formato dos relacionamentos na cadeia, sustentado pela logística, pode ser uma importante fonte de vantagem competitiva que, para o autor, pode se basear em valor ou em custo, ou, preferencialmente, em ambos de forma combinada. As vantagens de custo têm como referência o custo total, que incorpora aqui todas as exigências logísticas. Nesse caso, as tentativas de minimizar custos funcionais (transportes, por exemplo) são analisadas em conjunto com os *trade-offs*, uma vez que os custos se relacionam, sendo que a redução em um custo funcional causa o aumento ou a redução em outros (Bowersox; Closs; Cooper, 2008).

As vantagens de valor, por sua vez, são obtidas por maior aproximação dos clientes e atuação em segmentos de valor. Em ambas as vantagens, a logística desempenha papel estratégico, uma vez que os custos logísticos são significativos e as vantagens com base no valor têm se concentrado cada vez mais nos serviços, com clientes buscando confiabilidade e responsividade (Christopher, 2009).

Para Porter (1996), a estratégia competitiva consiste em escolher, deliberadamente, um conjunto de atividades integradas para fornecer uma combinação única de valor. O pensamento de Porter ressoa também em Chopra e Meindl (2004), para os quais o alinhamento estratégico pressupõe estratégias na cadeia de suprimentos. O deslocamento da competição entre empresas para competição entre cadeias faz com que cada uma apresente suas estratégias, geralmente, baseada na responsividade e na eficiência como definidoras do posicionamento estratégico, ou no equilíbrio entre esses dois fatores em todas as atividades logísticas na cadeia, uma vez que é pressuposto o alinhamento entre os elos (Chopra; Meindl, 2004; Fischer, 1997).

Para os autores, o **alinhamento estratégico baseado na responsividade** requer da cadeia de suprimento respostas a elevadas demandas, atendimento em *lead times* curtos, manejo de grande variedade de produtos, produtos inovadores, atendimento em nível de serviço elevado, seleção de fornecedores com base em velocidade, flexibilidade e qualidade, e contar com meios de transporte responsivos. Já o **alinhamento estratégico com base na eficiência** requer da cadeia o foco em suprir a demanda com o menor custo, maximizar o desempenho com custo mínimo por produto, minimizar estoques para reduzir custos, selecionar fornecedores com base em custo e qualidade e contar com meios de transporte mais baratos.

Dessa forma, as estratégias competitivas adotadas pelas empresas devem estar alinhadas com as estratégias dentro da cadeia de suprimento, uma vez que a integração de processos inter e intraorganizacionais são fundamentais para a competição entre cadeias, a fim de garantir a coerência das estratégias escolhidas (Chopra; Meindl, 2004), considerando tanto os direcionamentos horizontais dessa integração quanto a profundidade vertical em cada operação na cadeia (Frohlich; Westbrook, 2001).

A logística é estratégica para promover a integração entre as empresas nas redes de suprimentos e desta com o cliente final. Por isso, a logística é estratégica para as redes de suprimentos. O desempenho dos processos logísticos e sua efetiva contribuição para as redes de suprimentos serão determinados pelas decisões acerca dos processos que envolvem o transporte, os estoques, a gestão das informações do pedido e as instalações.

Embora, aparentemente, entregar os pedidos conforme combinado, no prazo, possa parecer algo óbvio e razoável, na prática, as entregas corretas acontecem à custa de muito planejamento, muita clareza a respeito da estratégia e muita lucidez nas decisões que envolvem os processos. O desempenho dos processos envolve os fatores-chave e as decisões inerentes são resultantes do alinhamento das estratégias logísticas às estratégias dos negócios, considerando as decisões tomadas.

Em termos de estratégia, lembre-se do Capítulo 4, quando afirmamos que as decisões da formatação do serviço logístico seguem a estratégia do negócio.

Nesse caso, a primeira decisão a tomar é o nível de serviço a oferecer. A questão fundamental é se a logística deve priorizar os custos, pois o padrão de concorrência que prevalece é o preço e, dessa forma, a logística deve ser de baixo custo (**eficiente**); ou se a logística deve priorizar outros requisitos que impliquem maior aderência à necessidade dos clientes (**responsividade**), como prazos curtos, consistentes e lotes flexíveis.

O Quadro 9.2 procura exemplificar os principais elementos das estratégias e as decisões a serem tomadas.

QUADRO 9.2 – ESTRATÉGIA E DECISÕES PARA FORMATAÇÃO DOS PROCESSOS LOGÍSTICOS COM BASE NOS FATORES-CHAVE DE DESEMPENHO

Direcionadores dos Processos	Estratégia	Decisões
Transporte	• Modalidade • Frota • Formas de consolidação: Localização e lotes	• Serviço/Modalidade • Própria ou terceirizada • Equipamentos (carga/descarga, rastreabilidade)
Estoques	Nível de estoque	• Tempo de cobertura • Giro
Instalações	• Localização • Capacidade	• Centralizar • Descentralizar
Informações	• Gerenciamento da demanda, dos pedidos, dos fluxos e das entregas	• Sistema a ser utilizado • Nível de integração com clientes e fornecedores

O Gráfico 9.4 ilustra as combinações para a formatação dos serviços dentro do quadro analítico das fronteiras de possibilidades.

GRÁFICO 9.4 – QUALIDADE E CUSTOS DOS SERVIÇOS DE LOGÍSTICA EM UM GRÁFICO DE FRONTEIRAS DE POSSIBILIDADES

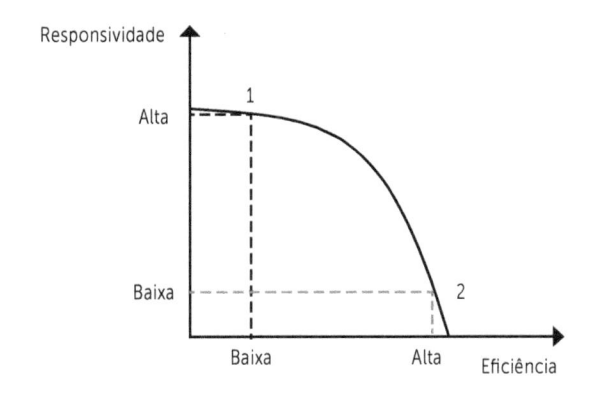

Na situação 1, a formatação de um serviço de alta responsividade vai implicar, necessariamente, baixa eficiência, ou seja, altos custos. No contraponto, na situação 2, serviços de baixo custo, aqueles que são de alta eficiência, são também, necessariamente, pouco responsivos, isto é, pouco aderentes às necessidades específicas de algum cliente.

Cabe ao gestor da logística combinar os fatores-chave tendo em mente o desempenho que precisa ser atingido. Por exemplo, a redução dos prazos de entrega pode ser atingida com transporte mais rápido, com o compartilhamento de informações na cadeia desde a colocação dos pedidos ou com o posicionamento de estoques em instalações mais próximas dos clientes.

Phillips (2016) relata que as empresas de entregas do *e-commerce* estão investindo em instalações próximas aos maiores centros e mais tecnologia em suas operações de triagem e carregamento, de forma a aumentar a capacidade de resposta, nesse caso, medida em termos da redução do prazo do atendimento dos pedidos. Por exemplo, em 2017, a FedEx planejava investir 2 bilhões de dólares em imóveis, instalações e equipamentos (Phillips, 2016).

9.7.3 DEFINIÇÃO DE ESTRATÉGIAS LOGÍSTICAS

As estratégias logísticas são formatadas de frente para trás, isto é, do mercado de produtos acabados até os suprimentos. Assim, com base na informação primeira sobre o nível de serviço que o mercado quer, conjugado com informações do *marketing* sobre as características desejadas para a posse, as **estratégias logísticas** devem ser centradas naqueles atributos em que ela pode fazer a diferença: colocar os materiais/produtos no tempo e no lugar, de forma diferenciada, como ilustra a Figura 9.5.

FIGURA 9.5 – ESTRATÉGIAS LOGÍSTICAS E SEUS PRINCIPAIS ELEMENTOS

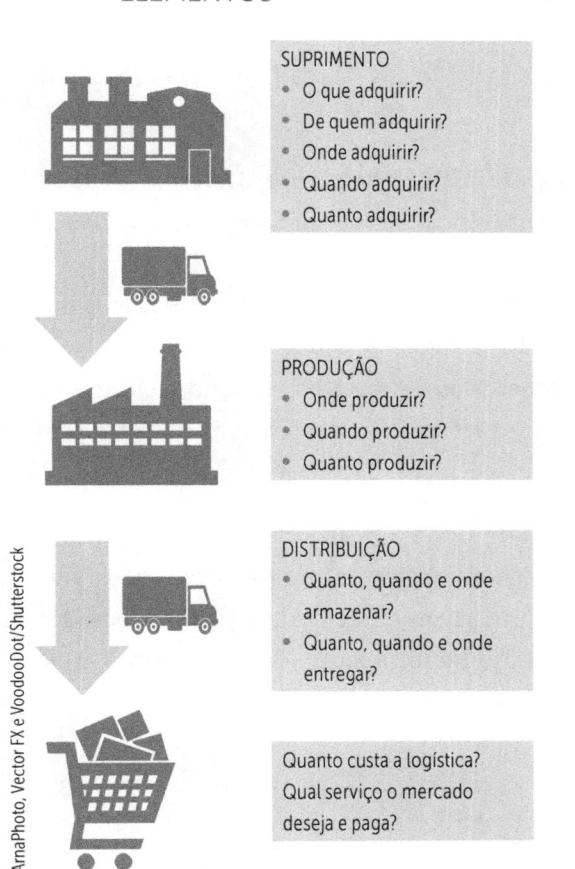

SUPRIMENTO
- O que adquirir?
- De quem adquirir?
- Onde adquirir?
- Quando adquirir?
- Quanto adquirir?

PRODUÇÃO
- Onde produzir?
- Quando produzir?
- Quanto produzir?

DISTRIBUIÇÃO
- Quanto, quando e onde armazenar?
- Quanto, quando e onde entregar?

Quanto custa a logística?
Qual serviço o mercado deseja e paga?

ArnaPhoto, Vector FX e VoodooDot/Shutterstock

Isso significa tomar decisões sobre onde, quando e quanto, usando de forma coordenada e planejada as atividades primárias nos subsistemas da logística. Por exemplo, para atender determinado cliente, ou mercado, que requer entregas diárias, a estratégia deve contemplar alternativas de transporte confiável e com alto nível de serviço, maior dispersão dos estoques para aproximá-los do cliente, deslocamento da produção para mais próximo do cliente ou mesmo um *mix* dessas alternativas.

O sucesso das estratégias deve ser medido por critérios de desempenho. Dessa forma, a primeira referência de qualquer processo logístico deve resultar em **disponibilidade**, que é a capacidade de ter o produto disponível no momento em que ele é desejado pelo cliente. Isso vale para o cliente interno – por exemplo, na requisição de materiais da produção para a área de materiais ou suprimentos – e para o atendimento aos clientes externos.

A disponibilidade pode ser baseada em três medidas de desempenho:

1. **Frequência de atendimento**, que envolve políticas de estoque de segurança e capacidade de prestação de serviço básico.
2. **Índice de disponibilidade**, que pode ser medido pelas falhas no atendimento de pedidos.
3. **Expedição de pedidos completos**, pela capacidade de atender a todos os itens e nas respectivas quantidades solicitadas.

A disponibilidade pode ser qualificada pelo sucesso em termos dos critérios de desempenho das operações e de desempenho operacional, bem como de maior interesse dos clientes. São medidas operacionais que determinam o ciclo de atividades e têm a ver com:

- **Velocidade**: O tempo transcorrido desde o pedido efetuado pelo cliente até a entrega, sob a ótica do cliente final. Quanto menor o tempo de entrega, maior será o custo logístico.
- **Consistência**: Capacidade da empresa transportadora de executar seus serviços dentro do prazo esperado, constantemente.
- **Flexibilidade**: Capacidade de administrar situações inesperadas.
- **Falhas e recuperação**: Capacidade de absorver/resolver contratempos contingenciais para o atendimento ao cliente.

Além do mais, a estratégia precisa proporcionar operações com **confiabilidade**. A confiabilidade torna-se fundamental para a qualidade da logística de proporcionar a manutenção dos níveis de estoques e de desempenho operacionais dentro do planejado. Para avaliação da confiabilidade, três fatores da qualidade do serviço são necessários:

1. **Variáveis de mensuração**: Variáveis mensuráveis do ponto de vista estático. Por exemplo: vendas, pedidos, devoluções, pedidos pendentes, falta de estoque etc.
2. **Unidades de mensuração**: Mensuração da confiabilidade por meio de unidades de avaliação. Por exemplo: caixas, unidades, dólares, dúzias etc.
3. **Base de mensuração**: Por meio de relatórios estruturados que devem levar em conta certo equilíbrio ao selecionar a combinação mais apropriada de medidas, unidades e base de agregação para avaliar a confiabilidade. Por exemplo: nível do grupo de produtos, nível da marca, nível de caixas quebradas etc.

ESTUDO DE CASO
"O FEIO É TER ESTOQUE!" – COMO REDUZIR ESTOQUES NO VAREJO E AUMENTAR AS VENDAS?

A The Home Depot, ou simplesmente Home Depot, é uma gigante varejista norte-americana que vende produtos para o lar e construção civil, com faturamento estimado de US$ 101 bilhões para 2018. A empresa planeja uma estratégia ousada e conta com a logística: crescer as vendas em quase 15% em 2018, mas mantendo níveis de estoque iguais ou levemente menores.

Esta é a nova filosofia para suas lojas: menos é mais. Em vez de encher suas prateleiras estilo armazém, até o teto, com brocas Makita, rolos de isolamento Owens Corning e latas de pintura Rust-Oleum, a Home Depot quer menos itens em suas prateleiras, sem perder vendas.

"Teremos que operar com dias de estoque, e não mais semanas", avisou Tom Shortt, vice-presidente sênior de cadeia de suprimentos da Home Depot, em mensagem para as lojas. [...]

É uma mudança que está acontecendo em todo o setor de varejo em que as empresas tentam descobrir formas de servir as necessidades crescentes de compradores *on-line* de maneira lucrativa, ao mesmo tempo que a sua rede de lojas físicas tenham menos encargos financeiros. Cadeias deverão prever se a demanda virá da internet ou de uma visita à loja, e se eles vão enviar pedidos *on-line* a partir de um centro de distribuição ou de uma loja. Cada movimento de estoque é um custo adicional que corrói margens, já estreitas.

Compras *on-line* "forçaram a indústria a repensar não só a matemática e ciência por trás da gestão de estoques, mas também a estratégia", disse Scott Fenwick, diretor sênior da Manhattan Associates Inc., que produz *software* para gestão de cadeia de suprimentos.

Walmart Stores e Target estão reduzindo o número de pacotes de fraldas, caixas de cereais e garrafas de detergente em seus armazéns e movendo o produto mais rapidamente para as prateleiras. Walmart também ampliou os corredores para reduzir ainda mais a quantidade de produtos em suas prateleiras, enquanto Target mudou itens volumosos, como móveis de pátio, para locais de distribuição centralizada, em vez de mantê-los nas lojas. Kohl Corp está com o objetivo de reduzir estoques em 10% até o final do próximo ano, após vê-lo incharem em 15% nos últimos cinco anos, enquanto a cadeia de lojas de departamentos tenta se tornar o maior do setor *on-line*.

No primeiro trimestre, os estoques do Walmart subiram menos do que as vendas, ajudando a melhorar as margens de lucro bruto. "É como oxigênio na loja", disse o CEO do Walmart, Doug McMillon, na reunião anual da companhia no mês passado. "O peso do inventário foi aliviado. E eu acho que é um bom augúrio para o futuro".

Estoque é um dos custos mais altos dos varejistas. Qualquer redução no nível de capital empatado em bens não vendidos libera recursos para investir em outros lugares, como a construção de operações *on-line* ou cobrindo aumentos salariais. Mas reduzir estoque implica correr riscos. Prateleiras vazias são um grande incômodo para os compradores que perdem o tempo para entrar em lojas para fazer compras. "Se eu segurar muito estoque fora das lojas, em seguida, parece que eu estarei fora do negócio", diz Rodney Sides, vice-presidente da prática de varejo da Deloitte LLP.

Quando muitas cadeias começaram a vender *on-line*, eles montaram centros de distribuição para atender as suas operações de *e-commerce*. Mas corriam o risco de duplicação de estoque. Em seguida, eles tentaram fazer suas lojas com atuação dupla como centros de atendimento *on-line* e fundiram os sistemas que gerenciam suas demandas *on-line* e estoques da loja. Enquanto ajudam a reduzir os custos de transporte, armazenando os produtos mais perto dos clientes, isso significa mais trabalho para os funcionários da loja.

"Idealmente, você coloca menos estoque nas lojas, mas tem que reabastecer com mais frequência", disse Brian Gibson, professor de cadeia de suprimentos na Universidade de Auburn. "Você prefere trabalhar com base na demanda do que com base em uma previsão". [...]

A estratégia da Home Depot foi instituída no Projeto Sync. O projeto implica uma série de mudanças que incluem o desenvolvimento de um fluxo mais constante de entregas de fornecedores para a sua rede de 18 centros de triagem. Em vez de **cinco caminhões duas vezes por semana**, por exemplo, Home Depot agora quer que fornecedores enviem **dois caminhões cinco dias por semana**.

Fonte: Ziobro, 2016.

SÍNTESE

O gestor da logística tem como atribuições principais a administração de variedade crescente de produtos e de fornecedores e clientes distantes geograficamente, eventualmente, em níveis globais. Mas, ao mesmo tempo, a competição ocorre cada vez mais orientada pela rapidez (nível de serviço).

Para isso, como você pôde ver neste capítulo, os gestores contam com as seguintes peças estratégicas, ou fatores-chave, para melhorar o desempenho das suas operações e da rede de suprimentos em que está envolvida: o transporte, os estoques, as informações pertinentes ao pedido e as instalações. Além do mais, todos os esforços devem se concentrar no valor agregado ao cliente e os processos devem ter sinergia de forma a alcançar desempenho máximo com o mínimo de uso de recursos.

Mas, além do desempenho, o gestor também deve estar atento à função estratégica da logística nas redes de suprimentos. É por meio da logística que as empresas de uma rede, efetivamente, se integram, pois são os processos logísticos que efetivamente unem as empresas e sacramentam as parcerias e as intenções.

CONSIDERAÇÕES FINAIS

Ao delinearmos os pilares para definirmos a estrutura deste livro e a estratégia de comunicação do conteúdo, procuramos posicionar as peças da logística e das cadeias de suprimentos de uma forma mais amigável, sem perder o caráter técnico que a ciência nos impõe. Desejamos que as principais questões estejam bem consolidadas, entre elas, que a formação das redes de suprimentos é uma estratégia para enfrentar o acirramento da concorrência e que é por meio dos processos logísticos que as empresas, efetivamente, se conectam e a estratégia atinge os resultados projetados.

Ao longo de todo este livro, desenvolvemos essa linha de construção do conhecimento com algumas peças decisivas. A primeira delas é que logística é uma operação e, como tal, a gestão da logística e a definição das estratégias serão favorecidas sempre que tiverem a seu favor grande volume (escala), pouca variedade de itens e mais conhecimento da demanda. Dessa forma, a logística pode ser mais bem planejada, atingir melhor custo e conseguir excelente resposta ao cliente em termos de prazos ou outros requisitos que valerem no mercado.

A segunda peça que orienta a visão estratégica reservada à logística é o seu papel em redes de suprimentos. O desempenho da logística é uma condição para empresas adotarem a estratégia de concorrer em redes. Sem logística, por mais que haja intenção, não haverá efetividade na integração. Não resolve. As falhas e rupturas tornarão a rede não competitiva. São os processos logísticos que, efetivamente, unem as empresas e sacramentam as parcerias e as intenções.

A última peça dessa construção é o conhecimento das atividades que lideram os processos com verdadeira capacidade de proporcionar os resultados mais importantes para a rede, bem como para mudar e obter novo patamar competitivo. São as pré-condições para a estratégia logística. Ao final da leitura e do estudo deste livro, você poderá conceber-se habilitado para elaborar estratégias logísticas considerando os subsistemas empresariais (suprimentos, produção e distribuição), bem como as atividades e seus processos.

Esperamos que a leitura atenta tenha provocado situações de mais contemplação da realidade empresarial e do posicionamento da logística no nível de importância que lhe cabe na vida das empresas na atualidade. Além do mais, o conhecimento proporcionado por esta obra pode contribuir para a gestão de multicanais.

Finalizado esse processo de ensino-aprendizagem, temos a convicção de que você compreendeu e está apto a aplicar as decisões mais importantes na formação de redes de suprimentos e habilitado a definir estratégia de operações para desenvolver vantagens competitivas e para dimensionar os impactos da implementação de processos estratégicos e seus *trade-offs*.

REFERÊNCIAS

AL-MUSLIM, A. Walgreens Launches Next-Day Prescription Home Delivery With FedEx. **The Wall Street Journal**, Business, Dec. 2018. Disponível em: <www.wsj.com/articles/walgreens-launches-next-day-prescription-home-delivery-with-fedex-1544106572>. Acesso em: 28 maio 2019.

BALLOU, R. H. Revenue Estimation for Logistics Customer Service Offerings. **The International Journal of Logistics Management**, v. 17, n. 1, p. 21-37, Jan. 2006.

BERTAGLIA, P. R. **Logística e gerenciamento da cadeia de abastecimento**. 2. ed. São Paulo: Saraiva, 2009.

BHATNAGAR, R.; TEO, C. C. Role of Logistics in Enhancing Competitive Avantage. **International Journal of Physical Distribution & Logistics Management**, v. 39, n. 3, 2009.

BOWERSOX, D. J.; CLOSS, D. J.; COOPER, M. B. **Gestão da cadeia de suprimentos e logística**. Tradução de Claudia Mello Belhassof. Rio de Janeiro: Elsevier/Campus, 2008.

BRASIL. Lei n. 12.305, de 2 de agosto de 2010. **Diário Oficial da União**, Poder Legislativo, Brasília, DF, 3 ago. 2010. Disponível em: <http://www.planalto.gov.br/ccivil_03/_ato2007-2010/2010/lei/l12305.htm>. Acesso em: 10 set. 2019.

BUNGE, J. American Farm Towns, with Changing Priorities, Reject Industrial Agriculture. **The Wall Street Journal**, Nov. 2017. Disponível em: <wsj.com/articles/american-farm-towns-with-changing-priorities-reject-industrial-agriculture-1511972137>. Acesso em: 28 maio 2019.

CAMERON, D.; WALL, R. Boeing, Airbus Miss 2018 Jet Delivery Targets. **The Wall Street Journal**, Business, Jan. 2019. Disponível em: <www.wsj.com/articles/boeings-record-jet-deliveries-still-shy-of-2018-target-11546968661>. Acesso em: 28 maio 2019.

CHAO, L. Online Shoppers Want Delivery Faster, Cheaper, Survey Shows. **The Wall Street Journal**, Business, June 2016. Disponível em: <goo.gl/lmu1uQ>. Acesso em: 28 maio 2019.

CHAUDHURI, S. Heineken Buys 1,900 U.K. Pubs. **The Wall Street Journal**, Business. Dec. 2016a. Disponível em: <goo.gl/5MlJZ9>. Acesso em: 28 maio 2019.

_____. IKEA to Recall 29 Million Dressers, Chests in U.S. **The Wall Street Journal**, Business, Jun. 2016b. Disponível em: <goo.gl/7FVvKc>. Acesso em: 28 maio 2019.

CHOPRA, S.; MEINDL, P. **Gerenciamento da cadeia de suprimentos**: estratégia, planejamento e operação. Tradução de Claudia Freire. São Paulo: Prentice Hall, 2004.

CHRISTOPHER, M. **Logística e gerenciamento da cadeia de suprimentos**: criando redes que agregam valor. Tradução Mauro de Campos Silva. 2. ed. São Paulo: Thompson, 2009.

COLEMAN-LOCHNER, L.; TOWNSEND, M. Bankrupt Toys 'R' Us Weighs Closing at Least 100 Stores. **Bloomberg**, Dec. 2017. Disponível em: <https://www.bloomberg.com/news/articles/2017-12-18/bankrupt-toys-r-us-is-said-to-mull-closing-at-least-100-stores>. Acesso em: 24 ago. 2019.

COOPER, M. C.; LAMBERT, D. M.; PAGH, J. D. Supply Chain Management: more than a New Name for Logistics. **The International Journal of Logistics Management**, v. 8, n. 1, p. 1-14, Jan. 1997.

CORRÊA, H. L. **Gestão de redes de suprimento**. São Paulo: Atlas, 2010.

CORRÊA, H. L.; GIANESI, I. G. N.; CAON, M. **Planejamento, programação e controle da produção**: MRP II e ERP. 4. ed. São Paulo: Atlas, 2001.

COSTA, L.; MENDONÇA, F. M.; SOUZA, R. G. O que é logística reversa. In: VALLE, R.; SOUZA, R. G. de (Org.). **Logística reversa**: processo a processo. São Paulo: Atlas, 2013. p. 18-33.

DAUGHERTY, P. J. Review of Logistics and Supply Chain Relationship Literature and Suggested Research Agenda. **International Journal of Physical Distribution & Logistical Management**, v. 41, n. 1, p. 16-31, Feb. 2011.

DAVENPORT, T.; BROOKS, J. Enterprise Systems and the Supply Chain. **Journal of Enterprise Information Management**, v. 17, n. 1, p. 8-19, 2004.

DELGADO, C. Nueve cosas que han hecho de Inditex la mayor empresa textil del mundo. **El País**, Economia, 18 mar. 2015. Disponível em: <https://elpais.com/economia/2015/03/17/actualidad/1426615669_374276.html>. Acesso em: 3 ago. 2019.

DIAS, M. A. P. **Administração de materiais**: uma abordagem logística. 5. ed. São Paulo: Atlas, 2005.

DRUCKER, P. F. The Economy's Dark Continent. **Fortune**, p. 265-270, Apr. 1962.

DWYER, F. R.; SCHURR, P. H.; OH, S. Developing Buyer-Seller Relationships. **Journal of Marketing**, v. 51, n. 2, p. 11-27, Apr. 1987.

ESTERL, M. Coke Tweaks Its Business Model Again. **The Wall Street Journal**, Business, March 2016. Disponível em: <wsj.com/articles/coke-tweaks-it-business-model-again-1458639001>. Acesso em: 25 ago. 2019.

EVANS, M. Hospitals Alter Routines to Control Drug Spending. **The Wall Street Journal**, Business/Health Care, Dec. 2016. Disponível em: <goo.gl/dDQCZq>. Acesso em: 25 ago. 2019.

FERDOWS, K. Shaping Global Operations. **Journal of Globalization, Competitiveness & Governability**, v. 3, n. 1, p. 136-148, 2009.

FISCHER, M. L. What is your Right Supply Chain for your Product? **Harvard Business Review**, p. 105-116, Mar./Apr. 1997.

FORRESTER, J. W. Industrial Dynamics: a Major Breakthrough for Decision Makers. **Harvard Business Review**, v. 36, n. 4, p. 37-66, 1958.

FROHLICH, M. T.; WESTBROOK, R. Arcs of Integration: an International Study of Supply Chain Strategies. **Journal of Operations Management**, v. 19, n. 2, p. 185-200, Feb. 2001.

GARNSEY, S. PSA to Develop New Engines in Germany. **Automotive Logistics**, Business, Jun. 2018.

GASPARRO, A. Kellogg Revises Distribution Method. **The Wall Street Journal**, Business, Feb. 2017. Disponível em: <goo.gl/tZCxCT>. Acesso em: 28 maio 2019.

GHEZZI, A.; MANGIARACINA, R.; PEREGO, A. Shaping the e-Commerce Logistics Strategy: a Decision Framework. **International Journal of Engineering Business Management**. v. 4, p. 1-13, 2012.

GLEASON, S. GM Reaches Deal with Bankrupt Supplier Clark-Cutler-McDermott. **The Wall Street Journal,** Bankruptcy, July 2016. Disponível em: <goo.gl/ppmPkl>. Acesso em: 23 ago. 2019.

HADDON, H. Kroger to Sell Groceries in Walgreens Stores. **The Wall Street Journal**, Business, Dec. 2018. Disponível em: <www.wsj.com/articles/kroger-to-sell-groceries-in-walgreens-stores-1543921320>. Acesso em: 25 ago. 2019.

HEIDE, J. B.; MINER, A. S. The Shadow of the Future: Effects of Anticipated Interaction and Frequency of Contact in Buyer-Seller Cooperation. **The Academy of Management Journal**, v. 35, n. 2, p. 265-291, Jun. 1992.

HIGGINS, T. Car Suppliers Vie for Major Role in Self-Driving Boom: Delphi, Valeo Showcase New Technology as Rise of Autonomous Vehicles Creates New Market for Sensors, Software. **The Wall Street Journal**, Technology, Jan. 2017. Disponível em: <wsj.com/articles/car-suppliers-vie-for-major-role-in-self-driving-boom-1483980527>. Acesso em: 25 ago. 2019.

_____. VW, Hyundai Turn to Driverless-Car Startup in Silicon Valley. **The Wall Street Journal**, Tech, Jan. 2018. Disponível em: <wsj.com/articles/vw-hyundai-turn-to-driverless-car-startup-in-silicon-valley-1515063601>. Acesso em: 28 maio 2019.

JARGON, J. McDonald's to Switch to Fresh Beef in Quarter Pounders. **The Wall Street Journal**, Business, Mar. 2017. Disponível em: <https://www.wsj.com/articles/mcdonalds-to-switch-to-fresh-beef-in-quarter-pounders-1490878800>. Acesso em: 25 ago. 2019.

KAPNER, S. Fast-Fashion Tricks Are on Display at Department-Store Chains. **The Wall Street Journal**, Business, Sept. 2016. Disponível em: <goo.gl/GFQGNE>. Acesso em: 28 maio 2019.

KAPNER, S.; TANGEL, A. Sears Stops Selling Whirlpool Appliances. **The Wall Street Journal**, Business, Oct. 2017. Disponível em: <wsj.com/articles/sears-stops-selling-whirlpool-appliances-1508816783>. Acesso em: 28 maio 2019.

KOWSMANN, P.; WALL, R. Airbus Delays Delivery of Long-Range A330neo. **The Wall Street Journal**, Business, Sept. 2016. Disponível em: <goo.gl/cNfVpj>. Acesso em: 28 maio 2019.

KRAJEWSKI, L. J.; RITZMAN, L.; MALHOTRA, M. **Administração de produção e operações**. Tradução de Lucio Brasil Ramos Fernandes e Mirian Santos Ribeiro de Oliveira. São Paulo: Pearson, 2009.

LAMBERT, D. M.; ENZ, M. G. Issues in Supply Chain Management: Progress and potential. **Industrial Marketing Management**, v. 62, n. 4, p. 1-16, 2017.

LOMBARDO, C. Coca-Cola, Criticized for Plastic Bottles, Sets Recycling Goals. **The Wall Street Journal**, Business, Jan. 2018. Disponível em: <https://www.wsj.com/articles/coca-cola-criticized-for-plastic-bottles-sets-recycling-goals-1516367648>. Acesso em: 25 ago. 2019.

MANNING, E. Why Retailers Stop Selling Online: the Hidden Cost of e-Commerce. **The Guardian**, Dec. 2016. Disponível em: <https://www.theguardian.com/small-business-network/2016/dec/15/hidden-cost-e-commerce-online-shopping-entrepreneurs>. Acesso em: 25 ago. 2019.

MARINO, S. Decisão acertada. **Revista Tecnologística**, n. 206, p. 48-52, jan. 2013. Disponível em: <https://issuu.com/publicare/docs/206_janeiro_2013/50>. Acesso em: 25 ago. 2019.

McLAIN, S. Nissan to Sell Stake in Top Supplier Calsonic Kansei to KKR for $1.87 Billion. **The Wall Street Journal**, Markets, Nov. 2016. Disponível em: <wsj.com/articles/nissan-to-sell-stake-in-calsonic-kansei-to-kkr-for-1-87-billion-1479809956>. Acesso em: 25 ago. 2019.

MELLO, C. H. P. (Org.). **Gestão da qualidade**. São Paulo: Pearson Education do Brasil, 2011.

MENTZER, J. T. et al. Defining Supply Chain Management. **Journal of Business Logistics**, v. 22, n. 2, p. 1-25, 2001.

MICKLE, T. Trouble Brewing in the Craft Beer Industry. **The Wall Street Journal**, Business, Sept. 2016. Disponível em: <goo.gl/cVMNkZ>. Acesso em: 28 maio 2019.

MILLER, J. G.; ROTH, A. V. A Taxonomy of Manufacturing Strategies. **Management Science**, v. 40, n. 3, p. 285-304, Mar. 1994.

MIKHAIL, N. Tomorrow's CEOs Will Come from an Unlikely Place: The Supply Chain. **Fortune**, Dec. 11, 2018. Disponível em: <https://fortune.com/2018/12/11/ceo-supply-chain/>. Acesso em: 25 ago. 2019.

MILTENBURG, J. Changing a Multidomestic Production Network to a Global Function Network: North America Heinz Ketchup from 1960 to 2015. **International Journal of Production Economics**, v. 168, p. 267-278, 2015.

MORRIS, K. In New Jersey and Long Island, Developers Eye Office-to-Warehouse Conversions. **The Wall Street Journal**, Business, Nov. 2016. Disponível em: <goo.gl/jS5urm>. Acesso em: 25 ago. 2019.

MOSS, T. Why GM is Likely to Keep Producing in China Despite Trump's Pleas. **The Wall Street Journal**, Business, Nov. 2018. Disponível em: <www.wsj.com/articles/why-gm-isnt-likely-to-stop-making-cars-in-china-1543320164>. Acesso em: 25 ago. 2019.

NASSAUER, S.; TERLEP, S. Wal-Mart and P&G: a $10 Billion Marriage Under Strain. **The Wall Street Journal**, Business, June 2016. Disponível em: <goo.gl/HZyEKs>. Acesso em: 25 ago. 2019.

NEWSWIRES, D. J. Marcas de luxo Versace e Gucci abandonam uso de pele de animais. **Valor Econômico**, 19 jul. 2018. Empresas. Disponível em: <https://valor.globo.com/empresas/noticia/2018/07/19/marcas-de-luxo-versace-e-gucci-abandonam-uso-de-pele-de-animais.ghtml>. Acesso em: 25 ago. 2019.

NISAR, T. M.; PRABHAKAR, G. What factors determine e-satisfaction and consumer spending in e-commerce retailing? **Journal of Retailing and Consumer Services**, v. 39, p. 135-144, 2017.

NOVAES, A. G. **Logística e gerenciamento da cadeia de distribuição**. Rio de Janeiro: Elsevier/Campus, 2001.

ONU-HABITAT – Programa de las Naciones Unidas para los Asentamientos Humanos. **Estado de las ciudades de América Latina y el Caribe 2012**: rumbo a una nueva transición urbana. Kenia, 2012.

OSTROWER, J. Boeing is 'Delinquent' on Payments, Says Supplier Rockwell Collins. **The Wall Street Journal**, Business, July 2016. Disponível em: <www.wsj.com/articles/boeing-is-delinquent-on-payments-says-supplier-rockwell-collins-1469490610>. Acesso em: 23 ago. 2019.

PENTEADO, F. O combinado não é caro., **Revista Tecnologística**, p. 48-52, jan. 2012.

PHILLIPS, E. E. Package Carriers Building Up for E-Commerce Delivery. **The Wall Street Journal**, Business, Nov. 2016. Disponível em: <wsj.com/articles/package-carriers-building-up-for-e-commerce-delivery-1478905124>. Acesso em: 28 maio 2019.

PILZAK-BLONSKA, G. A. et al. Decomposing the Effect of Supplier Development on Relationship Benefits: The Role of Relational Capital. **Industrial Marketing Management**, v. 42, n. 8, p. 1295-1306, Nov. 2013.

PORTER, M. E. What's Strategy? **Harvard Business Review**, v. 74, n. 6, p. 61-78, Nov./Dec. 1996.

POZO, H. **Administração de recursos materiais e patrimoniais**: uma abordagem logística. 6. ed. São Paulo: Atlas, 2010.

SALOMÃO, K. Mercado Livre investe pesado em logística para entregar mais rápido. **Revista Exame**, 14 nov 2018. Disponível em: <https://exame.abril.com.br/negocios/mercado-livre-investe-pesado-em-logistica-para-entregar-mais-rapido/>. Acesso em: 25 ago. 2019.

SAMPAIO, M.; HILSDORF, W. de C. Processo de Supply Chain. **Revista Tecnologística**, São Paulo, maio/jun. 2011.

SHEVLIN, A.; MICKLE, T.; ZHANG, D. Apple Swoops Up Engineers from Key Supplier as It Bolsters In-House Chip Design. **The Wall Street Journal**, Tech, Oct. 2018. Disponível em: <www.wsj.com/articles/apple-swoops-up-engineers-from-key-supplier-as-it-bolsters-in-house-chip-design-1539247647>. Acesso em: 25 ago. 2019.

SLACK, N. et al. **Gerenciamento de operações e de processos**: princípios e prática de impacto estratégico. São Paulo: Bookman, 2008.

SPEKMAN, R. E. et al. An Empirical Investigation into Supply Chain Management: a Perspective on Partnerships. **International Journal of Physical Distribution & Logistics Management**. v. 28, n. 8, p. 630-650, 1998.

STEVENS, L. E-Commerce Is a Boon for Rural America, but It Comes with a Price. **The Wall Street Journal**, Business, Sept. 2016. Disponível em: <goo.gl/J6rsXP>. Acesso em: 25 ago. 2019.

STEVENS, L.; COLIAS, M. Amazon to Start Offering In-Car Deliveries. **The Wall Street Journal**, Tech, Apr. 2018. Disponível em: <www.wsj.com/articles/amazon-can-now-deliver-packages-to-your-car-1524568172>. Acesso em: 28 maio 2019.

STEVENS, L.; PHILLIPS, E. E. Amazon Puzzles Over the Perfect Fit-in Boxes. **The Wall Street Journal**, Tech, Dec. 2017. Disponível em: <www.wsj.com/articles/amazon-aims-for-one-box-fits-all-1513765800>. Acesso em: 25 ago. 2019.

SUFRAMA – Superintendência da Zona Franca de Manaus. **Indicadores de desempenho do Polo Industrial de Manaus**: 2008-2013. 2014. Disponível em: <http://www.suframa.gov.br/download/indicadores/RelIndDes DEZEMBRO_2013-31_01_2014-10_08_39.pdf>. Acesso em: 24 ago. 2019.

TERLEP, S. CVS, With an Eye on Amazon, to Launch Next-Day Delivery. **The Wall Street Journal**, Business, Nov. 2017. Disponível em: <www.wsj.com/articles/cvss-revenue-rises-as-it-pursues-aetna-1509972920>. Acesso em: 25 ago. 2019.

TRENTMANN, N. New U.S. Plant to Help Plastics Maker Covestro Balance Out Production Capacity. **The Wall Street Journal**, Business, Oct. 2018. Disponível em: <www.wsj.com/articles/new-u-s-plant-to-help-plastics-maker-covestro-balance-out-production-capacity-1539283684>. Acesso em: 25 ago. 2019.

UN – United Nations. Department of Economic and Social Affairs. Population Division. **World Urbanization Prospects**: the 2014 – Revision, 2014.

WAKABAYASHI, D. Apple Earnings Fall on iPhone Slump: Revenue Drops for Second Straight Quarter, but Shares Rise as Results Still Top Views. **The Wall Street Journal**, Business, Jul. 2016. Disponível em: <goo.gl/DSqZV5>. Acesso em: 25 ago. 2019.

WALL, R.; OSTROWER, J. Jet-Engine Supplier CFM International Vows to Meet Airbus Timetable. **The Wall Street Journal**, Business, Dec. 2016. Disponível em: <goo.gl/n961xy>. Acesso em: 25 ago. 2019.

WEBB, J. 2017: the Year for Supply Chain Transformation. **Forbes**, Business, Dec. 2016. Disponível em: <http://www.forbes.com/sites/jwebb/2016/12/30/2017>. Acesso em: 25 ago. 2019.

WEF – World Economic Forum. **The Future of Jobs**: Employment, Skills and Workforce Strategy for the Fourth Industrial Revolution. Geneva, 2016. Disponível em: <http://www3.weforum.org/docs/WEF_Future_of_Jobs.pdf>. Acesso em: 25 ago. 2019.

ZINN, W. Globalização e complexidade em supply chains. **Revista Tecnologística**, São Paulo, dez. 2012. Disponível em: <https://www.tecnologistica.com.br/portal/artigos/60676/globalizacao-e-complexidade-em-supply-chains/>. Acesso em: 10 set. 2019.

ZIOBRO, P. Retailers Rethink Inventory Strategies. **The Wall Street Journal**, Business, June 2016. Disponível em: <wsj.com/articles/retailers-rethink-inventory-strategies-1467062280>. Acesso em: 25 ago. 2019.

_____. UPS, Overwhelmed by Online Orders, Warns of Delivery Delays. **The Wall Street Journal**, Business, Dec. 2017. Disponível em: <wsj.com/articles/ups-overwhelmed-by-online-orders-warns-of-some-delivery-delays-1512496479>. Acesso em: 25 ago. 2019.

_____. UPS Passes Early Holiday-Season Test. **The Wall Street Journal**, Business, Nov. 2018. Disponível em: <https://www.wsj.com/articles/ups-passes-early-holiday-season-test-1543441882>. Acesso em: 25 ago. 2019.

Os papéis utilizados neste livro, certificados por instituições ambientais competentes, são recicláveis, provenientes de fontes renováveis e, portanto, um meio responsável e natural de informação e conhecimento.

FSC
www.fsc.org
MISTO
Papel | Apoiando
o manejo florestal
responsável
FSC® C103535

Impressão: Reproset
Julho/2023